I0565668

The Life of a Useless Man

Maxim Gorky

Жизнь ненужного человека

Максим Горький

The Life of a Useless Man

Copyright © 2018 by Indo-European Publishing
All rights reserved.

ISNB: 978-1-60444-869-6

Жизнь ненужного человека

© Индоевропейских Издание , 2018

ISNB: 978-1-60444-869-6

ЖИЗНЬ НЕНУЖНОГО ЧЕЛОВЕКА

I

Когда Евсею Климкову было четыре года - отца его застрелил полесовщик, а когда ему минуло семь лет - умерла мать. Она умерла вдруг, в поле, во время жатвы, и это было так странно, что Евсей даже не испугался, когда увидал её мёртвой.

Дядя Пётр, кузнец, положив руку на голову мальчика, сказал:

- Чего будем делать?

Евсей покосился в угол, где на лавке лежала мать, и тихонько ответил:

- Я не знаю...

Кузнец вытер рукавом рубахи пот с лица, долго молчал, а потом тихонько оттолкнул Племянника.

- Эх ты, старичок...

С того дня мальчика стали звать Старичком. Это шло к нему: ростом он был не по годам мал, двигался вяло, говорил тонким голосом. На его костлявом лице уныло торчал птичий нос, пугливо мигали круглые, бесцветные глаза, редкие жёлтые волосы росли вихрами. Ребятишки в школе смеялись над ним и колотили его - совиное лицо его почему-то раздражало здоровых и бойких детей. Он сторонился от них и жил одиноко, всегда где-то в тени, в уголках и ямках. Круглыми глазами, не мигая, он смотрел оттуда на людей, незаметный, опасливо съёжившийся. Когда же глаза уставали, он закрывал их и долго сидел слепой, тихонько раскачивая хилое, лёгкое тело. Он старался также незаметно держаться и в семье дяди, но здесь это было трудно, приходилось обедать и ужинать вместе со всеми, а когда он сидел за столом, младший сын дяди, Яков, толстый и румяный, всячески старался задеть или рассмешить его, делал гримасы, показывал язык, толкал под столом ногами и щипал. Рассмешить не удавалось, но часто Евсей вздрагивал от боли, его жёлтое лицо серело, глаза широко раскрывались, ложка в руке дрожала.

- Ты чего, Старичок? - спрашивал дядя Петр.

- Это меня Яшка, - без жалобы, ровным голосом объяснял мальчик.

Если дядя Пётр давал Яшке подзатыльника или дёргал его за волосы, тётка Агафья, оттопырив губы, сердито гудела:

- У-у, ябедник...

А потом Яшка находил его где-нибудь и долго, усердно бил. Евсей относился к побоям как к неизбежному, жаловаться на Яшку было невыгодно, потому что, если дядя Пётр бил сына, тётка Агафья с лихвой возмещала эти побои на племяннике, а она дралась больнее Яшки. Поэтому, когда Евсей видел, что Яшка идёт драться, Старик бросался на землю, крепко, как мог, сжимал своё тело в ком, подгибая колени к животу, закрывал лицо и голову руками и молча отдавал бока и спину под кулаки брата. И всегда, чем терпеливее выносил он побои, тем более распалялся Яшка, порою он даже плакал и, пиная ногами тело брата, сам кричал:

- Мокрица окаянная, - реви!

Как-то раз Евсей нашёл подкову и подарил её Яшке, потому что тот всё равно отнял бы находку. Смягчённый подарком, Яшка спросил его:

- Больно я тебя давеча побил?

- Больно! - ответил Евсей.

Яшка подумал, почесал голову и сказал:

- Ну ничего, - пройдёт!

Он ушёл, а его слово что-то задело в душе Евсея, и он повторил вполголоса и с надеждой:

- Пройдёт...

Однажды он видел, как бабы-богомолки растирали усталые ноги крапивой, он тоже попробовал потереть ею избитые Яшкой бока; ему показалось, что крапива сильно уменьшает боль, и с той поры после побоев он основательно прижигал ушибленные места пушистыми листьями злого, никем не любимого растения.

Учился он плохо, потому что в школу приходил насыщенный опасениями побоев, уходил из неё полный обид. Его страх быть обиженным был ясен и вызывал у всех неодолимое желание надавать Старику тумаков.

У Евсея оказался альт, учитель взял его в церковный хор. Дома пришлось бывать меньше, но зато он чаще встречался с товарищами по школе на спевках, а все они дрались не хуже Яшки.

Старая деревянная церковь понравилась ему, в ней было множество тёмных уголков, и его всегда жутко тянуло заглянуть в их уютную, тёплую тишину. Он тайком ждал, что в одном из них найдёт что-то необычное, хорошее, оно обнимет его, ласково прижмёт к себе и расскажет нечто, как, бывало, делала его мать. Иконы были чёрные от долголетней копоти, осевшей на них, и все святые лики, добрые и строгие, одинаково напоминали бородатое, тёмное лицо дяди Петра.

А в притворе церкви была картина, изображавшая, как святой поймал чёрта и бьёт его. Святой был тёмный, высокий, жилистый, с длинными руками, а чёрт - красненький, худощавый недоросточек, похожий на козлёнка. Сначала Евсей не смотрел на чёрта, ему даже хотелось плюнуть на него, а потом стало жалко несчастного чертёнка, и, когда вокруг никого не было, он тихонько гладил рукой искажённую страхом и болью козлиную мордочку нечистого.

Так впервые родилось у мальчика чувство жалости.

Нравилась ему церковь ещё и тем, что в ней все люди, даже известные крикуны и буяны, вели себя тихо и покорно.

Громкий говор пугал Евсея, от возбуждённых лиц и криков он бегал и прятался, потому что однажды, в базарный день, видел, как мужики сначала говорили громко, потом начали кричать и толкать друг друга, а потом кто-то схватил кол, взмахнул им, ударил. Тогда раздался страшный вой, визг, многие бросились бежать, сбили Старика с ног, и он упал лицом в лужу, а когда вскочил, то увидал, что к нему идёт, махая руками, огромный мужик и на месте лица у него - ослепительно красное, дрожащее пятно. Это было так страшно, что Евсей взвизгнул и вдруг точно провалился в чёрную яму. Нужно было опрыскивать его водой, чтобы он пришёл в себя.

Пьяных он тоже боялся, - мать говорила ему, что в пьяного человека вселяется бес. Старику казалось, что этот бес - колючий, как ёж, и мокрый, точно лягушка, рыжий, с зелёными глазами. Он залезает в живот человека, егозит там - и оттого человек бесится.

Было в церкви ещё много хорошего. Кроме мира, тишины и ласкового сумрака, Евсею нравилось пение. Когда он пел не по нотам, то крепко закрывал глаза и, сливая свой голос с общей волной голосов так, чтобы его не было слышно, приятно прятал куда-то всего себя, точно сладко засыпал. И в этом полусонном состоянии ему всегда казалось, что он уплывает из жизни, приближается к другой, ласковой и мирной.

У него родилась мечта, которую он однажды высказал дяде такими словами:

- А можно так жить, чтобы и ходить везде и всё видеть, только бы меня никто не видал?

- Невидимкой? - спросил кузнец.

И, подумав, ответил:

- Надо полагать - нельзя этого.

С той поры, как всё село стало звать Евсея Стариком, дядя Пётр называл его сиротой. Во всём человек особенный, кузнец и пьяный был не страшен, он просто снимал с головы шапку, ходил по улице, размахивая ею, высоким заунывным голосом пел песни, улыбался, качал головой, а слёзы текли из его глаз обильнее, чем у трезвого. Евсею казалось, что его дядя самый умный и добрый мужик в селе и с ним можно говорить обо всём, - часто улыбаясь, он почти никогда не смеялся, говорил же не торопясь, тихо и серьёзно. Иногда в кузнице он говорил как бы сам для себя, не замечая племянника или забыв о нём, - это особенно нравилось Евсею. В речах своих он всегда спорил с кем-то, кого-то увещевал.

- Окаянная, - не сердясь и негромко ворчал он, - ненасытная ты собачья пасть! Али я не работаю? Вот - глаза себе высушил, ослепну скоро - чего ещё надо? Распроклятая ты жизнь-судьба тяжёлая, - ни красы, ни радости...

Было похоже, как будто крёстный складывал песни, и Евсею казалось, что кузнец видит того, с кем говорит. Однажды он спросил:

- Ты с кем говоришь?

- Говорю с кем? - повторил кузнец, не взглянув на него, потом, улыбаясь, ответил: - С глупостью со своей говорю...

Но беседовать с крёстным удавалось редко, в кузнице всегда был кто-нибудь посторонний и часто вертелся круглый, точно кубарь, Яшка, заглушая удары молотка и треск углей в горне звонким криком, - при Яшке Евсей не смел заглядывать к дяде.

Кузница стояла на краю неглубокого оврага; на дне его, в кустах ивняка, Евсей проводил всё свободное время весной, летом и осенью. В овраге было мирно, как в церкви, щебетали птицы, гудели пчёлы и шмели. Мальчик сидел там, покачиваясь, и думал о чём-то, крепко закрыв глаза, или бродил в кустах, прислушиваясь к шуму в кузнице, и когда чувствовал, что дядя один там, вылезал к нему.

- Что, сирота? - встречал кузнец, прищуривая глаза, смоченные слезами.

Однажды Евсей спросил кузнеца:

- Нечистая сила ночью в церкви бывает?

Подумав, кузнец ответил:

- Чего ей не бывать? Она везде пролезет, ей легко...

Мальчик приподнял плечи и круглыми глазами пытливо ощупал тёмные углы кузницы.

- Ты их не бойся, бесов-то! - посоветовал дядя.

Евсей вздохнул и тихо ответил:

- Я не боюсь...

- Они тебе не вредны! - уверенно объяснил кузнец, отирая глаза чёрными пальцами. Тогда Евсей спросил:

- А как же бог?

- А что он?

- Зачем бог чертей в церковь пускает?

- Ему что? Бог церквам не сторож...

- Он там не живёт?

- Бог-то? На что ему! Ему, сирота, везде место. Церковь - это для людей...

- А люди для чего?

- А люди - они, стало быть... вообще, для всего! Без людей не обойдёшься, - н-да...

4

- Они - для бога?

Кузнец искоса посмотрел на племянника и не сразу ответил:

- Конечно...

Потом потёр руки о передник и, глядя в огонь горна, заговорил:

- Я этих делов не знаю, сирота... Ты бы учителя спросил. А то попа...

Евсей вытер нос рукавом рубахи, ответив:

- Я боюсь их...

- Лучше бы тебе не говорить про этакое! - серьёзно посоветовал дядя Пётр. - Мал ты. Ты гуляй себе, здоровья нагуливай... Жить надо здоровому; если не силён, работать не можешь, - совсем нельзя жить. Вот те и вся премудрость... А чего богу нужно - нам неизвестно.

Замолчав, он подумал, не отрывая глаз от огня, потом продолжал, серьёзно и отрывисто:

- С одного краю - ничего не знаю, с другого - не понимаю! "Вся премудростью сотворил еси", говорится...

Он оглянул кузницу и, заметив в углу мальчика, сказал:

- Чего жмёшься? Говорю - иди, гуляй...

А когда Евсей робко пошёл вон, кузнец прибавил вслед ему:

- Искра попадёт в глаз тебе, будешь кривой. Кому кривого надо?

При жизни мать рассказала Евсею несколько сказок. Рассказывала она их зимними ночами, когда метель, толкая избу в стены, бегала по крыше и всё ощупывала, как будто искала чего-то, залезала в трубу и плачевно выла там на разные голоса. Мать говорила сказки тихим сонным голосом, он у неё рвался, путался, часто она повторяла много раз одно и то же слово мальчику казалось, что всё, о чём она говорит, она видит во тьме, только неясно видит.

Беседы дяди Петра напоминали Евсею материны сказки; кузнец тоже, должно быть, видел в огне горна и чертей, и бога, и всю страшную человеческую жизнь, оттого он и плакал постоянно. Евсей слушал его речи, легко запоминал их, они одевали его сердце в жуткий трепет ожидания, и в нём всё более крепла надежда, что однажды он увидит что-то не похожее на жизнь в селе, на пьяных мужиков, злых баб, крикливых ребятишек, нечто ласковое и серьёзное, точно церковная служба.

У соседей кузнеца была слепая девочка Таня. Евсей подружился с нею, водил её гулять по селу, бережно помогал ей спускаться в овраг и тихим голосом рассказывал о чём-то, пугливо расширяя свои водянистые глаза. Эта дружба была замечена в селе и всем понравилась, но однажды мать слепой пришла к дяде Петру с жалобой, заявила, что Евсей напугал Таню своими разговорами, теперь девочка не может оставаться одна, плачет, спать стала плохо, во сне мечется, вскакивает и кричит.

- Что он ей наговорил - понять нельзя, но только она всё о бесах лепечет и что небо чёрное, в дырьях, а сквозь дырья огонь видно, бесы в нём кувыркаются, дразнят людей. Разве можно этакое младенчику рассказывать?

- Поди сюда! - позвал дядя Пётр племянника.

И когда Евсей тихо подошёл из угла, он, положив ему на голову тяжёлую жёсткую руку, спросил:

- Говорил ты это?

- Говорил.

- Зачем?

- Не знаю...

Кузнец, не снимая руки, оттолкнул голову мальчика и, глядя ему в глаза, серьёзно сказал:

- Разве небо чёрное?

Евсей тихонько пробормотал:

- А какое же, если она не видит?..

- Кто?

- Танька...

- Да! - сказал кузнец и, подумав, спросил: - А огонь чёрный? Это ты зачем выдумал?

Мальчик молчал, опустив глаза.

- Ну, говори, - чай, не бьют тебя! Зачем ты её этакое болтаешь, ну?

- Мне её жаль, - шёпотом ответил Евсей. Кузнец легонько отодвинул его в сторону и сказал:

- Больше с ней разговаривать не моги, слышал? Никогда. Ты, тётка Прасковья, будь покойна! Дружбу эту мы нарушим.

- Трёпку бы дать ему! - посоветовала мать слепой. - Девочка жила тихо, никому не мешала, а теперь отойти от неё нельзя...

Когда Прасковья ушла, кузнец молча взял Евсея за руку, вывел его на двор и там спросил:

- Говори теперь толком - зачем ты пугал девчонку?

Голос дяди звучал негромко, но строго. Евсей струсил и быстро, заикаясь, стал оправдываться:

- Я - не пугал, я только так, - она всё жалуется: я, говорит, только чёрное вижу, а ты - всё... Я и стал говорить ей, что всё чёрное, чтобы она не завидовала... Я вовсе не пугал...

Он всхлипнул, чувствуя себя обиженным. Дядя Пётр тихо засмеялся.

- Дурак! Ты бы подумал - ведь она всего три года как ослепла, - ведь не слепой она родилась, после оспы это у неё. Значит, помнит она, что как светит. Экий ты глупый!

- Я не глупый, - она мне поверила! - возразил Евсей, вытирая глаза.

- Ну, ладно. Только ты не водись с ней... Слышишь?

6

- Не буду...

- А что плачешь - это ничего! Пусть думают, будто я тебя побил.

Кузнец толкнул Евсея в плечо и, усмехаясь, добавил:

- Жулики мы с тобой...

Тогда мальчуган ткнулся головой в бок ему, спрашивая дрожащим голосом:

- За что меня все обижают?

- Не знаю, сирота! - ответил дядя, подумав.

Обиды стали приносить мальчику едкое удовольствие, в нём туманно назревало убеждение, что он не такой, как все, потому его и обижают.

Село стояло на пригорке. За рекою тянулось топкое болото. Летом, после жарких дней, с топей поднимался лиловатый душный туман, а из-за мелкого леса всходила на небо красная луна. Болото дышало на село гнилым дыханием, посылало на людей тучи комаров, воздух ныл, плакал от их жадной суеты и тоскливого пения, люди до крови чесались, сердитые и жалкие.

Ночами по болоту плутали синие дрожащие огни, говорилось, что это бесприютные души грешников; люди сокрушённо вздыхали, жалея о них, а друг друга не жалели.

Но они могли жить дружно и весело, - Евсей однажды видел это.

У богатого мужика Веретенникова загорелся ночью овин; мальчик выбежал на огород, влез на ветлу и с неё смотрел на пожар.

Казалось ему, что в небе извивается многокрылое, гибкое тело страшной, дымно-чёрной птицы с огненным клювом. Наклонив красную, сверкающую голову к земле, Птица жадно рвёт солому огненно-острыми зубами, грызёт дерево. Её дымное тело, играя, вьётся в чёрном небе, падает на село, ползёт по крышам изб и снова пышно, легко вздымается кверху, не отрывая от земли пылающей красной головы, всё шире разевая яростный клюв.

Перед лицом огня все люди стали маленькими, чёрными. Они брызгали на него водой, тыкали в пламя длинными шестами, вырывая из зубов пылающие снопы, топтали их ногами и тоже кашляли, фыркали, чихали, задыхаясь в жирном дыму. Кричали, выли, сливая свои голоса со свистом и воем огня, и всё ближе надвигались на него, окружая красную голову чёрным живым кольцом, точно затягивая петлю на шее её. Петля разрывалась там и тут, её снова связывали и всё крепче, более узко, стягивали; огонь свирепо метался, прыгал, его тело пухло, надувалось, извиваясь, как змея, желая оторвать от земли пойманную людьми голову, и, обессилев, устало и угрюмо падало на соседние овины, ползало по огородам, таяло, изорванное и слабое.

- Дружней! - кричали люди, подбадривая один другого.

- Воды! - звенели голоса женщин.

Женщины стояли цепью от пожара до реки, все рядом, чужие и родные, подруги и враги, и

непрерывно по рукам у них ходили вёдра с водой.

- Живо, бабы! Милые - живо!

Было приятно и весело смотреть на эту хорошую, дружную жизнь в борьбе с огнём. Все подбодряли друг друга и хвалили за ловкость, силу, ругались ласково, крики были беззлобны - казалось, что при огне все увидели друг друга хорошими и каждый стал приятен другому. А когда, наконец, они победили огонь, им стало весело. Запели песни, засмеялись, захвастали друг перед другом своей работой, стали шутить, пожилые добыли водки и немножко выпили с устатка, а молодёжь почти до утра гуляла по улице, и всё было хорошо, как во сне.

Евсей не слышал ни одного злого крика, не заметил сердитого лица; всё время, пока горело, никто не плакал от боли и обиды, никто не ревел звериным рёвом дикой злобы, готовой на убийство.

На другой день он сказал дяде Петру:

- Как вчера хорошо было...

- Н-да, сирота, хорошо!.. Ещё немного - слизнул бы огонь половину села.

- Я - про людей! - пояснил мальчик. - Про то, как дружно взялись. Вот бы всегда так жить им, - всегда бы горело!

Кузнец подумал и удивлённо спросил:

- То есть, это выходит - чтобы всегда пожары были?

И, строго взглянув на Евсея, сказал, грозя ему пальцем:

- Ты, голова, гляди, не выдумай чего, на грех! Ишь ты, - пожары ему приятны!

II

Когда Евсей кончил учиться, кузнец сказал:

- Куда ж теперь приделать тебя? Здесь ты ни к чему. Вот поеду мехи покупать, свезу тебя, сирота, в город.

- Сам повезёшь? - спросил Евсей.

- Сам. Жалко тебе будет село покидать?

- Нет. Тебя - жалко...

Кузнец сунул в горн кусок железа и, поправляя щипцами угли, задумчиво отозвался:

- Меня жалеть нечего, я - большой... Мужик, - как все.

- Ты лучше всех! - тихо молвил Евсей.

Дядя Пётр, должно быть, не слышал его слов, он не ответил, вынул из огня раскалённое железо, прищурил глаза и стал ковать, брызгая красными искрами. Потом вдруг остановился, медленно опустил руку с молотом и, усмехаясь, сказал:

- Поучить бы тебя надо чему-нибудь...

Евсей насторожился, ожидая поучения. Но кузнец снова сунул железо в огонь, вытер слёзы на щеках и, глядя в горн, забыл о племяннике. Пришёл мужик, принёс лопнувшую шину. Евсей спустился в овраг, сел там в кустах и просидел до заката солнца, ожидая, не останется ли дядя один в кузнице. Этого не случилось.

День отъезда из села стёрся в памяти мальчика, он помнил только, что когда выехали в поле - было темно и странно тесно, телегу сильно встряхивало, по бокам вставали чёрные, неподвижные деревья. Но чем дальше ехали, земля становилась обширнее и светлее. Дядя всю дорогу угрюмился, на вопросы отвечал неохотно, кратко и невнятно.

Ехали целый день, ночевали в маленькой деревне, ночью кто-то долго и хорошо играл на гармонике, плакала женщина, порою сердитый голос вскрикивал:

- Молчи!

И матерно ругался.

Дальше поехали тоже ночью. Две собаки провожали их, с визгом катаясь во тьме вокруг телеги, а когда выехали из деревни, в лесу, с левой стороны от дороги, угрюмо жалобно кричала выпь.

- Дай бог на счастье! - пробормотал кузнец.

Евсей заснул и проснулся, когда дядя легонько постукивал его кнутовищем по ногам.

- Гляди, сирота, - эй!

Сонным глазам мальчика город представился подобным огромному полю гречихи; густое, пёстрое, оно тянулось без конца, золотые главы церквей среди него - точно жёлтые цветы, тёмные морщины улиц - как межи.

- Ого-о! - сказал Евсей, когда присмотрелся. Город, вырастая, становился всё пестрей. Зелёный, красный, серый, золотой, он весь сверкал, отражая лучи солнца на стёклах бесчисленных окон и золоте церковных глав. Он зажигал в сердце ожидание необычного. Стоя на коленях, Евсей держался рукою за плечо дяди и неотрывно смотрел вперёд, а кузнец говорил ему:

- Ты живи так - сделал, что назначено, а сам в сторону. Бойких людей опасайся: из десятка бойких - один, может, добьётся, девять - разобьётся.

Говорил он нерешительно, как будто сомневаясь - то ли говорит, что нужно? Евсей слушал его чутко, серьёзно, ожидая услышать какие-то особенные слова против опасностей новой жизни.

Кузнец вздохнул и продолжал более твёрдо, более уверенно:

- Меня, сирота, один раз чуть розгами не выпороли в волости, да. Женихом был я в то время, - мне венчаться надо, а они меня - пороть! Им это всё равно, они чужих делов не разбирают. А то губернатору жалобу подавал я - три с половиной месяца в остроге держали, - кроме побоев. Большие побои перенёс, даже кровью харкал, и глаза вот с той поры слезятся. Один полицейский, рыжеватый такой, небольшого роста, чем-то всё по голове меня тюкал.

- Ну, - тихонько сказал Евсей, - ты про это не говори...

- Да ведь чего ещё скажешь? - воскликнул дядя Пётр с усмешкой. Нечего, сирота, сказать-то.

Евсей уныло опустил голову.

Встречу им подвигались отдельные дома, чумазые, окутанные тяжёлыми запахами, вовлекая лошадь и телегу с седоками всё глубже в свои спутанные сети. На красных и зелёных крышах торчали бородавками трубы, из них подымался голубой и серый дым. Иные трубы высовывались прямо из земли; уродливо высокие, грязные, они дымили густо и черно. Земля, плотно утоптанная, казалась пропитанной жирным дымом, отовсюду, тиская воздух, лезли тяжёлые, пугающие звуки, - ухало, гудело, свистело, бранчливо грохало железо...

Дядя сказал:

- Это еще не город, это - фабрики.

Втянулись в широкую улицу, застроенную деревянными домами. Окрашенные в разные краски, пожилые, коренастые, они имели вид мирный и уютный. Особенно хороши были дома с палисадниками, точно подпоясанные зелёными фартуками, чистые и весёлые.

- Сейчас приедем! - сказал кузнец, поворачивая лошадь в узкий проулок. - Ты, сирота, не бойся...

Он остановил лошадь у открытых ворот большого дома, спрыгнул на землю и ушёл во двор. Дом был старый, весь покривился, под окнами выпучило брёвна, окна были маленькие, тусклые. На большом, грязном дворе стояло много пролёток, четыре мужика, окружив белую лошадь, хлопали её ладонями и громко кричали. Один из них, круглый, лысый, с большой жёлтой бородой и розовым лицом, увидав дядю Петра, широко размахнул руками и закричал:

- А-а!

...В тесной и тёмной комнате пили чай, лысый хохотал и вскрикивал так, что на столе звенела посуда. Было душно, крепко пахло горячим хлебом. Евсею хотелось спать, и он всё поглядывал в угол, где за грязным

10

пологом стояла широкая кровать со множеством подушек. Летало много больших, чёрных мух, они стукались в лоб, ползали по лицу, досадно щекотали вспотевшую кожу. Евсей стеснялся отгонять их.

- Мы тебя определим! - кричал ему лысый, весело кивая головой. Наталья! За Матвеичем послала?

Полная, чернобровая женщина с маленьким ртом и высокою грудью звучно ответила:

- Который раз спрашиваешь...

- Петруха, друг, - Наталья-то! Меды сотовые! - оглушительно кричал лысый.

Дядя Пётр, тихонько посмеиваясь, как будто боялся взглянуть на женщину, а она, пододвигая Евсею горячую ржаную лепёшку с творогом, говорила ему:

- Ешь больше!.. В городе надо много есть...

Евсей изнемогал от подавляющего ощущения сытости, но не смел отказаться и покорно жевал всё, что ему давали.

- Ешь! - кричал лысый и рассказывал дяде Петру:- Это, я тебе скажу, счастье. Всего неделю как его лошадь задавила, мальчишку-то! Шёл он в трактир за кипятком, вдруг...

Незаметно и неслышно явился ещё человек, тоже лысый, но - маленький, худой, в тёмных очках на большом носу и с длинным клочком седых волос на подбородке.

- В чём дело, людие? - негромко спросил он. Хозяин вскочил со стула, закричал, захохотал, а Евсею стало жутко.

Человек назвал хозяев и дядю Петра людями и этим как бы отделил себя от них. Сел он не близко к столу, потом ещё отодвинулся в сторону от кузнеца и оглянулся вокруг, медленно двигая тонкой, сухой шеей. На голове у него, немного выше лба, над правым глазом, была большая шишка, маленькое острое ухо плотно прильнуло к черепу, точно желая спрятаться в короткой бахроме седых волос. Он был серый, какой-то пыльный. Евсей незаметно старался рассмотреть под очками глаза, но не мог, и это тревожило его.

Лысый хозяин кричал:

- Понимаешь - сирота!

- Это - козырь! - заметил человек с шишкой. Он сидел, упираясь маленькими тёмными руками в свои острые колени, говорил немного, и порою Евсей слышал какие-то особенные слова.

Наконец он сказал:

- На том и кончено...

Дядя Пётр тяжело пошевелился на стуле.

- Вот ты, сирота, при месте... А это хозяин твой...

11

Человек с шишкой на голове сквозь чёрные очки посмотрел на Евсея и сказал:

- Меня зовут Матвей Матвеич...

Отвернулся, взял стакан, бесшумно выпил чай, встал, молча поклонился и вышел.

Потом Евсей с дядей сидели на дворе, в тени около конюшен, и кузнец говорил осторожно, точно щупая словами что-то непонятное ему.

- Наверно - тебе хорошо будет у него... Старичок - судьбе отслужил, прошёл сквозь все грехи, живёт, чтобы маленький кусочек съесть, ворчит-мурлыкает, вроде сытого кота...

- А он - не колдун? - спросил мальчик.

- Зачем? В городах, надо думать, нет их, колдунов-то.

Но, подумав, кузнец добавил:

- Однако тебе это всё равно. И колдун - человек. Ты вот что знай: город - он опасный, он вон как приучает людей: жена у человека на богомолье ушла, а он сейчас на её место стряпуху посадил и - балуется. А старик такого примера показать не может... Я и говорю, что, мол, тебе с ним ладно будет, надо думать. Будешь ты жить за ним, как за кустом, сиди да поглядывай.

- А как он умрёт? - опасливо спросил Евсей.

- Авось, не скоро... Голову ты себе маслом смазывай, чтобы вихры не торчали...

Дядя заставил Евсея проститься с хозяевами и повёл его в город. Евсей смотрел на всё совиными глазами и жался к дяде. Хлопали двери магазинов, визжали блоки; треск пролёток и тяжёлый грохот телег, крики торговцев, шарканье и топот ног - все эти звуки сцепились вместе, спутались в душное, пыльное облако. Люди шли быстро, точно боялись опоздать куда-то, перебегали через улицу под мордами лошадей. Неугомонная суета утомляла глаза, мальчик порою закрывал их, спотыкался и говорил дяде:

- Иди скорее...

Ему хотелось придти куда-нибудь к месту, в угол, где было бы не так шумно, суетно и жарко. Наконец вышли на маленькую площадь, в тесный круг старых домов; было видно, что все они опираются друг на друга плотно и крепко. Среди площади стоял фонтан, на земле лежали сырые тени, шум здесь был гуще, спокойнее.

- Гляди, - сказал Евсей, - одни дома, заборов-то вовсе нет...

Кузнец, вздохнув, ответил:

- Читай вывески - где тут Распопова лавка?

Вышли на середину площади, встали у фонтана, и Евсей, оглядываясь, зашевелил губами. Вывесок было много, они покрывали каждый дом, как

12

пёстрые заплаты кафтан нищего. Когда на одной из них мальчик увидал нужную фамилию, он зябко вздрогнул и, ничего не сказав дяде, стал внимательно осматривать вывеску. Маленькая, изъеденная ржавчиной, она помещалась над дверью, которая вела куда-то вниз, в тёмную дыру, а перед дверью на тротуаре была яма, с двух сторон ограждённая невысокой железной решёткою. Дом, где помещалась лавка, трёхэтажный, грязно-жёлтый, с облупившеюся штукатуркой. Лицо дома подслеповатое, хитрое, неласковое.

Спустились к двери по каменным ступеням - их было пять, - кузнец снял картуз и осторожно заглянул в лавку.

- Входите! - раздался внятный голос.

Хозяин сидел за столом у окна и пил чай. На голове у него была надета шёлковая чёрная шапочка без козырька.

- Бери стул, крестьянин, садись, выпей чаю. Мальчик, дай стакан, - вон там, на полке...

Хозяин протянул руку в тёмную глубину лавки, Евсей посмотрел туда, но никого не увидел. Тогда хозяин обратился к нему:

- Ну, что же ты! Разве ты не мальчик?

- Не привык ещё! - тихо сказал дядя Пётр. Старик снова взмахнул рукой.

- Вторая полка направо. Хозяина надо понимать с полуслова - такое правило.

Кузнец вздохнул. Евсей нащупал в сумраке посуду и быстро, спотыкаясь о груды книг на полу, подал стакан хозяину.

- Поставь на стол. А блюдечко?

- Ах ты! - воскликнул дядя Пётр. - Как же ты, - блюдечко-то?..

- Нужно очень долго учить его! - сказал хозяин, внушительно взглянув на кузнеца. - Теперь, мальчик, обойди лавку и заметь себе на память, что где лежит...

Евсей почувствовал, как будто в тело его забралось что-то повелительное и властно двигает им, куда хочет. Он съёжился, втянул голову в плечи и, напрягая зрение, стал осматривать лавку, прислушиваясь к словам хозяина. В лавке было прохладно, сумрачно. Узкая, длинная, как могила, она тесно заставлена полками, и на них, туго сжатые, стояли книги. На полу тоже валялись связки книг, в глубине лавки, загромождая заднюю стену, они поднимались грудой почти до потолка. Кроме книг, Евсей нашёл только лестницу, зонт, галоши и белый горшок с отбитой ручкой. Было много пыли, и, должно быть, это от неё исходил тяжёлый запах.

- Я человек одинокий, тихий, и, если он угодит мне, может быть, я его сделаю совершенно счастливым. Всю жизнь я прожил честно и

13

прямоверно; нечестного - не прощаю и, буде что замечу, предам суду. Ибо ныне судят и малолетних, для чего образована тюрьма, именуемая колонией для малолетних преступников - для воришек...

Слова его, серые и тягучие, туго опутывали Евсея, вызывая в нём пугливое желание скорее угодить старику, понравиться ему.

- Прощайся, мальчику надо заняться делом.

Дядя Пётр встал, вздохнув.

- Ну, сирота... вот, значит, живи! Слушайся хозяина... Он горя тебе не захочет - зачем ему это? Не скучай...

- Ладно! - сказал Евсей.

- Надо говорить - хорошо, а не ладно! - поправил хозяин.

- Хорошо! - быстро повторил Евсей.

- Ну, прощай! - положив на плечо ему жёсткую руку, сказал кузнец и, тряхнув племянника, ушёл, точно вдруг испугался чего-то.

Евсей вздрогнул, стиснутый холодной печалью, шагнул к двери и вопросительно остановил круглые глаза на жёлтом лице хозяина. Старик крутил пальцами седой клок на подбородке, глядя на него сверху вниз, и мальчику показалось, что он видит большие, тускло-чёрные глаза. Несколько секунд они стояли так, чего-то ожидая друг от друга, и в груди мальчика трепетно забился ещё неведомый ему страх. Но старик взял с полки книгу и, указывая на обложку пальцем, спросил:

- Это какая цифра?

- 1873, - ответил Евсей, низко опустив голову.

- Так.

Хозяин коснулся сухим пальцем подбородка Евсея.

- Смотри на меня.

Мальчик разогнул шею и торопливо пробормотал, закрыв глаза:

- Дяденька, я всегда буду слушаться... - И замер, ничего не видя.

- Поди сюда...

Старик сидел на стуле, упираясь ладонями в колени. Он снял с головы шапочку и вытирал лысину платком. Очки его съехали на конец носа, он смотрел в лицо Евсея через них. Теперь у него две пары глаз; настоящие маленькие, неподвижные, тёмно-серого цвета, с красными веками.

- Тебя часто били?

- Часто! - тихо сказал Евсей. - Кто?

- Мальчишки...

Хозяин опустил очки на глаза, пожевал тёмными губами и сказал:

- Мальчишки и здесь драчуны, ты с ними не водись, слышишь?

- Слышу.

- Опасайся их! Озорники и воришки. Ты знай - я тебя худому не научу. Я человек хороший, меня надо любить. Будешь меня любить - тебе хорошо будет со мной. Понял?

14

- Понял.

Лицо хозяина стало прежним. Он взял Евсея за руку и повёл его в глубину лавки, говоря:

- Вот - видишь - книги. На каждой поставлен год, в каждом году по двенадцать книг. Подбери их в порядке. Как ты это сделаешь?

Евсей подумал и робко ответил:

- Не знаю...

- А я тебе не скажу. Ты грамотный и должен сам догадаться...

Сухой, ровный голос точно сёк мальчика. Сдерживая слёзы, он стал развязывать пачки и каждый раз, когда книга шлёпалась на пол, вздрагивал, оглядывался. Хозяин сидел за столом и писал. Тонко скрипело перо. Мимо двери быстро мелькали ноги, их тени падали в лавку и прыгали по ней. Из глаз Евсея, одна за другой, покатились слёзы, он испугался их, быстро вытер лицо пыльными руками и, полный тёмного страха, напряжённо стал разбирать книги. Сначала это было трудно, но через несколько минут он уже стал погружаться в знакомое ему состояние бездумья, в привычную пустоту, которая властно охватывала его после побоев и обид, когда он сидел одиноко где-нибудь в углу. Глаза его ловили цифру года, название месяца, руки машинально укладывали книги в ряд; сидя на полу, он равномерно раскачивал своё тело и всё глубже опускался в спокойный омут полусознательного отрицания действительности. И, как всегда, в такие минуты, глубоко в нём тлела смутная надежда, разгоралось ожидание чего-то иного, не похожего на окружающее. Иногда в памяти вспыхивало ёмкое слово:

"Пройдёт..."

Оно тепло обнимало сердце обещанием необычного, руки мальчика невольно начинали двигаться быстрее, и ход времени становился незаметен.

- Вот видишь, - понял, как нужно делать!

Евсей вздрогнул, он не слышал, когда подошёл старик, и, посмотрев на свою работу, спросил:

- Так?

- Бессомненно. Чаю хочешь?

- Не хочу.

- Должен говорить: спасибо, или благодарю вас - не хочу! - сказал хозяин. - Работай...

И ушёл. Взглянув вслед ему, Евсей увидел в лавке пожилого человека без усов и бороды, в круглой шляпе, сдвинутой на затылок, с палкой в руке. Он сидел за столом, расставляя чёрные и белые штучки. Когда Евсей снова принялся за работу - стали раздаваться отрывистые возгласы гостя и хозяина:

- Тур...

- Шах королеве...

В лавку устало опускался шум улицы, странные слова тали в нём, точно лягушки на болоте. "Чего они делают?" - опасливо подумал мальчик и тихонько вздохнул, чувствуя, что отовсюду на него двигается что-то особенное, но не то, чего он робко ждал. Пыль щекотала нос и глаза, хрустела на зубах. Вспомнились слова дяди о старике:

"Будешь ты жить за ним, как за кустом..."

Темнело.

- Шах и мат! - густо крикнул гость, а хозяин, щёлкнув языком, громко приказал:

- Мальчик, лавку запирать!

Старик занимал две маленькие комнаты в третьем этаже того же дома, где помещалась лавка. В первой комнате с окном стоял большой сундук и шкаф.

- Здесь будешь спать! - сказал хозяин.

Два окна второй комнаты выходили на улицу, из них было видно равнину бугроватых крыш и розовое небо. В углу перед иконами дрожал огонёк в синей стеклянной лампаде, в другом стояла кровать, покрытая красным одеялом. На стенах висели яркие портреты царя и генералов. В комнате было тесно, но чисто и пахло, как в церкви.

Стоя у двери, Евсей осматривал жилище хозяина; старик стоял рядом с ним и говорил:

- Заметь порядок вещей, и чтобы всегда было так, как есть!

У стены помещался широкий чёрный диван, круглый стол, вокруг стола три стула, тоже чёрных. Этот угол комнаты имел вид печальный и зловещий.

Вошла высокая белолицая женщина, с овечьими глазами, она спросила тихим, певучим голосом:

- Подавать ужин?

- Давай... подавайте, Раиса Петровна...

- Новый мальчик?

- Да. Зовут - Евсей...

Женщина ушла.

- Притвори дверь! - сказал старик, и когда Евсей сделал это, он продолжал, понизив голос:

- Она - хозяйка квартиры, я у неё снимаю комнаты с обедом и ужином, понял?

- Понял...

- А у тебя один хозяин - я. Понимаешь?

- Да, - ответил Евсей.

- Значит, ты должен слушаться только меня... Ступай в кухню, умойся.

Умываясь, Евсей незаметно старался рассмотреть хозяйку квартиры, женщина собирала ужин, раскладывая на большом подносе тарелки, ножи, хлеб. Её большое круглое лицо с тонкими бровями казалось добрым. Гладко причёсанные тёмные волосы, немигающие глаза и широкий нос вызывали у мальчика догадку:

"Смирная..."

Заметив, что она, плотно сжав тонкие, красные губы, тоже следит за ним, он смутился и пролил воду на пол.

- Подотри! - сказала она не сердито. - Тряпка под стулом.

Когда он вошёл в комнату, старик осмотрел его и спросил:

- Что она тебе говорила?

Но Евсей не успел ему ответить - женщина внесла поднос, поставила его на стол и сказала:

- Ну, я ухожу...

- Хорошо! - ответил хозяин.

Она подняла руку, пригладила волосы на виске - пальцы у неё были длинные - и ушла.

Сели ужинать. Хозяин ел не торопясь, громко чавкал, порою устало вздыхал. Когда стали есть мелко нарубленное жареное мясо, он сказал Евсею:

- Видишь, какая хорошая пища? Я всегда кушаю хорошее...

После ужина он приказал Евсею отнести посуду кухню, научил его зажигать лампу, потом сказал:

- Теперь спи. В шкафе лежит войлок, подушка и одеяло. Это - твоё. Завтра я куплю тебе хорошую одежду. Иди!

Когда, полусонный от тягостных ощущений, мальчик лёг, хозяин вышел к нему и спросил:

- Хорошо?

На сундуке было жёстко, но Евсей ответил:

- Хорошо...

- Если жарко - отвори окно.

Евсей немедленно сделал это. Окно выходило на крышу соседнего дома. На ней - трубы, четыре, все одинаковые. Посмотрел на звёзды тоскливыми глазами робкого зверька, посаженного в клетку, но звёзды ничего не говорили его сердцу. Свалился на сундук, закутался с головой одеялом и крепко закрыл глаза. Стало душно, он высунул голову и, не открывая глаз, прислушался - в комнате хозяина раздался сухой, внятный голос:

- "Живый в помощи вышнего, в крове бога небесного..."

Евсей понял, что старик читает псалтырь... И, чутко вслушиваясь в знакомые, но непонятные слова царя Давида, мальчик заснул.

17

III

Жизнь его пошла ровно и гладко. Он хотел нравиться хозяину, чувствовал, понимал, что это выгодно для него, но относился к старику с подстерегающей осторожностью, без тепла в груди. Страх перед людьми рождал в нём желание угодить им, готовность на все услуги ради самозащиты от возможного нападения. Постоянное ожидание опасности развивало острую наблюдательность, а это свойство ещё более углубляло недоверие к людям.

Он присматривался к странной жизни дома и не понимал её, - от подвалов до крыши дом был тесно набит людьми, и каждый день с утра до вечера они возились в нём, точно раки в корзине. Работали здесь больше, чем в деревне, и злились крепче, острее. Жили беспокойно, шумно, торопливо - порою казалось, что люди хотят скорее кончить всю работу, - они ждут праздника, желают встретить его свободными, чисто вымытые, мирно, со спокойной радостью. Сердце мальчика замирало, в нём тихо бился вопрос:

"Проходит?.."

Но праздника не было. Люди понукали друг друга, ругались, иногда дрались и почти каждый день говорили что-нибудь дурное друг о друге.

По утрам хозяин уходил в лавку, а Евсей оставался в квартире, чтобы привести комнаты в должный порядок. Кончив это, он умывался, шёл в трактир за кипятком и потом в лавку - там они с хозяином пили утренний чай. И почти всегда старик спрашивал его:

- Ну, что?..

- Ничего...

- Мало! - говорил хозяин.

Но однажды Евсей ответил иначе:

- Сегодня часовщик говорил скорняковой кухарке, что вы краденое принимаете...

Он сказал это неожиданно для себя и тотчас же, весь охваченный дрожью страха, опустил голову. Старик тихо засмеялся. Потом протяжно и без сердца выговорил:

- Ме-ерзавец...

Его тёмные, сухие губы вздрогнули.

- Спасибо тебе, что сказал мне это, спасибо!

С той поры Евсей стал внимательно прислушиваться к разговорам и всё, что слышал, не медля, тихим голосом передавал хозяину, глядя прямо в лицо ему.

Через несколько дней, убирая комнату, он нашёл на полу смятый бумажный рубль, и когда за чаем старик спросил его:

- Ну, что?

- Вот - рубль нашёл...

- Так. Ты нашёл рубль, а я - золото! - сказал хозяин, усмехаясь.

Другой раз он поднял у входа в лавку двадцать копеек и тоже отдал монету хозяину. Старик опустил очки на конец носа и, потирая двугривенный пальцами, несколько секунд молча смотрел в лицо мальчика.

- По закону, - вдумчиво заговорил он, - треть находки - шесть копеек принадлежит тебе...

Он замолчал, вздохнул и сказал, опуская монету в карман жилета:

- Однако - непонятный ты мальчик...

А шести копеек не отдал ему.

Тихий, незаметный, а когда его замечали - угодливый, Климков почти не обращал на себя внимания людей, а сам упорно следил за ними расплывчатым взглядом совиных глаз, - взглядом, который не оставался в памяти тех, кто встречал его.

С первых дней его сильно заинтересовала молчаливая, смирная Раиса Петровна. Каждый вечер она надевала тёмное, шумящее платье, чёрную шляпу и уходила куда-то; утром, когда он убирал комнаты, она ещё спала. Он видел её только по вечерам перед ужином и то не каждый день; её жизнь казалась ему таинственной, и вся она, молчаливая, с белым лицом и остановившимися глазами, возбуждала у него неясные намеки на что-то особенное. Он незаметно уверил себя, что она живёт лучше, чем все, знает больше всех, в нём слагалось непонятное ему, но хорошее чувство к этой женщине. С каждым днём она казалась ему всё более красивой.

Однажды он проснулся на рассвете, пошёл в кухню пить и вдруг услыхал, что кто-то отпирает дверь из сеней. Испуганный, он бросился в свою комнату, лёг, закрылся одеялом, стараясь прижаться к сундуку как можно плотнее, и через минуту, высунув ухо, услышал в кухне тяжёлые шаги, шелест платья и голос Раисы Петровны:

- Эх-х, в-вы!.. - говорила она.

Он встал, осторожно подошёл к двери и заглянул в кухню.

Смирная женщина сидела у окна, снимая шляпу. Лицо её казалось более белым, чем всегда, из глаз обильно текли слёзы. Её большое тело качалось, руки двигались медленно.

- Знаю я вас, - сказала она, мотнув головой, и встала на ноги, опираясь о подоконник.

В комнате хозяина скрипнула кровать. Евсей отскочил к сундуку, лёг, закутался.

"Обидели!" - думал он и радовался её слезам, они приближали к нему эту смирную женщину, жившую тайной, ночной жизнью.

Кто-то прошёл мимо него крадущимся шагом. Он поднял голову и вдруг вскочил, точно обожжённый тонким, злым криком:

- У-уйди!

Из кухни, согнувшись, быстро вышел хозяин в ночном белье, остановился и сказал Евсею, присвистывая:

- Спи, спи, - чего ты? Спи...

Утром в лавке старик спросил:

- Испугался ночью-то?

- Да...

- Выпила она, - с ней случается это...

И заговорил строго:

- Ты однако знай - это женщина весьма хитрая. Она - молчит, а - злая. Она - грешница, играет на рояли. Женщина, играющая на рояли, называется таперша. А знаешь ты, что такое публичный дом?

Евсей знал об этом из разговоров скорняков и стекольщиков на дворе, но, желая знать больше, ответил:

- Не знаю...

Старик объяснил ему очень понятно, с жаром. Порою он отплёвывался, морщил лицо, выражая отвращение к мерзости. Евсей смотрел на старика и почему-то не верил в его отвращение и поверил всему, что сказал хозяин о публичном доме. Но всё, что говорил старик о женщине, увеличило чувство недоверия, с которым он относился к хозяину.

Кроме Раисы, любопытство Евсея задевал ученик стекольщика Анатолий, тонкий мальчуган, с лохматыми волосами на голове, курносый, пропитанный запахом масла, всегда весёлый. Голос у него был высокий, и Евсею нравилось слышать певучие, светлые крики мальчика:

- Стиёкла вставлиять!

Он первый заговорил с Евсеем. Евсей мёл лестницу и вдруг услыхал снизу громкий вопрос:

- Эй, ты, хивря, - какой губернии?

- Здешний! - ответил Евсей.

- А я - костромской. Сколько лет тебе?

- Тринадцатый...

- И мне тоже. Идём со мной?

- Куда?

- На реку, купаться...

- Мне в лавку надо...

- Сегодня воскресенье...

- Всё равно...

- Ну - чёрт с тобой!

И стекольщик исчез, не обидев Евсея своим ругательством.

Он целый день ходил по городу с ящиком стёкол, возвращался домой почти всегда в тот час, когда запирали лавку, и весь вечер со двора доносился его неугомонный голос, смех, свист, пение. Его все ругали, и все любили возиться с ним, хохотали над его шалостями. Евсея удивляла смелость, с которой курносый и лохматый мальчуган обращался со взрослыми, он испытывал чувство зависти, когда видел, как золотошвейки бегали по двору, догоняя весёлого озорника, и наконец его властно потянуло к стекольщику чувство преклонения перед ним. Погружаясь в свои неясные мечты о тихой и чистой жизни, теперь он находил в ней место и для буйного, лохматого мальчика. После ужина Евсей спрашивал хозяина:

- Можно мне на двор пойти?

Старик неохотно разрешал это.

Быстро сбегая с лестницы, Евсей садился где-нибудь в тени и оттуда наблюдал за Анатолием. Двор был маленький, со всех сторон его ограждали высокие стены домов, у стен лежал грудами разнообразный хлам, на нём сидели, отдыхая, мастеровые, мастерицы, а на средине его Анатолий давал представление.

- Скорняк Зворыкин в церковь пошёл! - вскрикивал он.

И Евсей изумлённо видел маленького толстого скорняка, с отвисшей нижней губой и прискорбно сощуренными глазами. Выпучив живот и склонив набок голову, Анатолий мелкими шагами, но явно без охоты шёл до ворот, публика провожала его смехом и одобряющими криками.

- Зворыкин из трактира! - возглашал мальчик и катился по двору, бессильно болтая руками и ногами, тупо вытаращив глаза, противно и смешно распустив губы. Останавливался, колотил себя в грудь руками и свистящим голосом говорил:

- Гос-споди, - ну как я доволен! Бож-же мой, как всё х-хорошо и всё приятно рабу твоему Иакову Иванычу, господи! Стекольщик Кузин - злодей б-богу моему и всем людям - скот!.. Господи!

Публика хохотала, но Евсей не смеялся. Его подавляло сложное чувство удивления и зависти, ожидание новых выходок Анатолия сливалось у него с желанием видеть этого мальчика испуганным и обиженным, - ему было досадно, неприятно, что стекольщик изображает человека не опасным, а только смешным.

- Стекольщик Кузин идёт! - кричал Анатолий.

Перед Евсеем вставал краснорожий, всегда полупьяный, тощий мужик, с рыжей раздвоенной бородой и засученными рукавами грязной рубахи. Заложив правую руку за нагрудник фартука, медленно разглаживая левой бороду, нахмуренный, угрюмый, он двигается медленно и, глядя исподлобья, скрипит надорванным, сиплым голосом:

- Ты опять ругаешься, еретик? Это долго ли ещё буду я слышать, а? Окаянный ты, пострели тебя горой...

- Кощей Распопов! - объявлял Анатолий.

Мимо Евсея, неслышно двигая ногами, скользила гладкая, острая фигурка хозяина, он смешно поводил носом, как бы что-то вынюхивая, быстро кивал головой и, взмахивая маленькой ручкой, дёргал себя за бороду. В этом образе было что-то жалкое, смешное. Досада Евсея усиливалась, он хорошо знал, что хозяин не таков, каким его показывает маленький стекольщик.

Изобразив хозяев, Анатолий принимался передразнивать кого-нибудь из публики. Неистощимый, он до поздней ночи звенел колокольчиком, вызывая беззлобный смех. Иногда задетый им человек бросался ловить его, начиналась шумная беготня. Евсей вздыхал завистливо.

Заметив Климкова, Анатолий вытаскивал его за руку на середину двора и представлял публике:

- Вот он - сахар с мылом! Кощея Распопова двоюродный сморчок! - И, повёртывая тонкую фигуру мальчика во все стороны, он складно говорил смешные, странные слова о хозяине, Раисе Петровне и самом Евсее.

- Пусти! - тихонько просил его мальчик, стараясь вырвать руку из крепкой руки стекольщика, а сам внимательно слушал, желая и стараясь понять намёки, грязь которых чувствовалась им. Если Евсей вырывался сильно, публика, обыкновенно женщины, вяло говорили Анатолию:

- Пусти его...

Их заступничество почему-то всегда было неприятно Евсею, Анатолий же впадал в раздражение, начинал толкать и щипать его, вызывая на драку. Некоторые из мужчин советовали:

- А ну, подеритесь, - кто кого?

Женщины возражали:

- Не надо!

И снова Евсей чувствовал в этих словах нечто неприятное.

Кончалось тем, что Анатолий пренебрежительно отталкивал Евсея в сторону.

- Эх ты, хивря!

Однажды утром, после такой сцены, Евсей встретил Анатолия на дворе с ящиком стёкол и вдруг, не желая, сказал ему:

- Зачем ты смеёшься надо мной?

Стекольщик взглянул на него и спросил:

- А что?

Евсей не умел ответить.

- Драться хочешь? - снова спросил Анатолий. - Идём в сарай!

Он говорил спокойно и деловито.

- Нет, я не хочу драться, - тихо ответил Евсей.

- И не надо - я тебя побью! - сказал стекольщик и потом уверенно добавил: - Обязательно побью!

Евсей вздохнул, - он не понимал этого мальчика. И, желая понять, вторично спросил тихим голосом:

- Я говорю - за что ты смеёшься надо мной?

Анатолию, должно быть, стало неловко, он мигнул бойкими глазами, усмехнулся и вдруг сердито крикнул:

- Пошёл к чертям! Чего пристаёшь? Как дам тебе!..

Евсей убежал в лавку и целый день чувствовал в сердце зуд незаслуженной обиды. Она не порвала его влечения к Анатолию, но заставила его уходить со двора, как только Анатолий замечал его. И он устранил стекольщика из области своих грёз...

Вскоре после этой неудачной попытки подойти к человеку, ночью, его разбудили голоса в комнате хозяина. Он прислушался - там была Раиса. Ему захотелось убедить себя в этом, он тихо встал, подошёл к плотно закрытой двери и приложил глаз к замочной скважине.

Его сонный глаз прежде всего остановился на огне свечи и ослеп. Потом он увидал на чёрном диване большое выпуклое тело женщины. Она лежала вверх лицом, нагая, и, положив себе на грудь волосы, медленно заплетала их в косу длинными пальцами. На белом теле женщины дрожали отсветы огня, и всё оно, чистое, яркое, казалось лёгким, подобно облаку. Это было очень красиво. Она что-то говорила, но слов он не слышал, а только голос, певучий, усталый и жалобный. Хозяин в ночном белье, сидя на стуле у дивана, наливал вино в стакан, рука у него дрожала и клок седых волос на подбородке тоже дрожал. Очки он снял, лицо его было противно.

- Да, да, да, - говорил он, - ишь ты какая...

Евсей отошёл от двери, лёг в постель и подумал:

"Женились..."

Ему стало жалко Раису - зачем она сделалась женою человека, который говорит о ней дурно? И, должно быть, ей очень холодно лежать, голой на кожаном диване. Мелькнула у него нехорошая мысль, но она подтверждала слова старика о Раисе, и Евсей пугливо прогнал эту мысль.

Вечером на другой день Раиса, как всегда, внесла ужин, обычным голосом сказав:

- Я ухожу...

И так же обычно, сухо и небрежно говорил с ней хозяин. Евсей подумал, что нагую женщину он видел во сне.

Неожиданно и ненужно явился дядя Пётр. Он поседел, сморщился, стал ниже ростом.

- А я - слепну, сирота! - говорил он, шумно схлёбывая чай с блюдечка и улыбаясь мокрыми глазами. - Работать уж не могу, и надо мне, значит, по милостыню идти. С Яшкой нет сладу - в город просится... Не пустишь убежит... Он - такой...

Всё, что говорил кузнец, было тяжело слушать. Дядя смотрел виновато, и Евсею было неловко, стыдно за него перед хозяином. Когда дядя собрался уходить, Евсей тихонько сунул ему в руку три рубля и проводил его с удовольствием.

Книжная лавка постепенно возбуждала у мальчика смутные подозрения своим подобием могилы, туго набитой умершими книгами. Все они были растрёпаны, изжёваны, от них шёл прелый, тухлый запах. Покупали их мало, этому Евсей не удивлялся, но отношение хозяина к покупателям и книгам всё более возбуждало его любопытство.

Бывало так: старик брал в руки книгу, осторожно перебрасывал её ветхие страницы, темными пальчиками гладил переплёт, тихонько улыбался, кивая головкой, и тогда казалось, что он ласкает книгу, как что-то живое, играет с нею, точно с кошкой. Читая, он, подобно тому, как дядя Пётр с огнём горна, вёл с книгой тихую ворчливую беседу, губы его вздрагивали насмешливо, кивая головой, он бормотал:

- Так, так, - ишь ты? А-а, вот что? А-ах, дерзость!.. Этого не будет, - не-ет!..

Эти странные, оспаривающие кого-то восклицания, удивляя Евсея, пугали его, указывали на таинственную двойственность жизни старика.

- Ты не читай книг, - сказал однажды хозяин. - Книга - блуд, блудодейственного ума чадо. Она всего касается, смущает, тревожит. Раньше были хорошие исторические книги, спокойных людей повести о прошлом, а теперь всякая книга хочет раздеть человека, который должен жить скрытно и плотью и духом, дабы защитить себя от диавола любопытства, лишающего веры... Книга не вредна человеку только в старости.

Евсей запоминал эти речи, и хотя они были непонятны ему, но утверждали ощущение тайны, облекающей жизнь хозяина.

Продавая книгу, старик точно обнюхивал покупателя, говорил с ним необычно, то слишком громко и торопливо, то понижая голос до шёпота; его тёмные очки неподвижно упирались в лицо покупателя. Часто, проводив студента, купившего книгу, он ухмылялся вслед ему, а однажды погрозил пальцем в спину уходившего человека, маленького, красивого, с чёрненькими усиками на бледном лице. Чаще других покупали книги студенты, иногда приходили старики, эти долго рылись в книгах и жестоко спорили о цене. Почти каждый день заходил человек в котелке с широким, угреватым носом на бритом, плоском и толстом лице. Его звали

24

Доримедонт Лукич, он носил на правой руке большой золотой перстень, а играя с хозяином в шахматы, громко сопел носом и дёргал себя левой рукой за ухо. Он тоже приносил какие-то книги и свёртки бумаг, хозяин брал их, одобрительно кивал головой, тихо смеялся и прятал в стол или ставил в угол, на полку за своей спиной. Евсей не замечал, чтобы хозяин платил за эти книжки, но он продавал их.

Одно время в лавку стал заходить чаще других знакомых покупателей высокий голубоглазый студент с рыжими усами, в фуражке, сдвинутой на затылок и открывавшей большой белый лоб. Он говорил густым голосом и всегда покупал много старых журналов.

Однажды хозяин предложил ему книгу, принесённую Доримедонтом, и пока студент молча перелистывал её - старик торопливым шёпотом рассказывал ему что-то.

- Занятно! - воскликнул студент, усмехаясь. - Ах вы, старый греховодник! Не боитесь, а?

Хозяин вздохнул и ответил:

- Если чувствуешь бессомненную правду, то должен помогать ей по мере слабых сил...

Они долго шептались, и, наконец, студент сказал:

- Запишите адрес.

Старик записал его на отдельной бумажке, а когда пришёл Доримедонт и спросил: "Что новенького, Матвеевич?" - хозяин протянул ему бумажку и сказал, ухмыляясь:

- Вот - новенький...

- Та-ак. Никодим Архангельский, - прочитал Доримедонт. - Дело! Поглядим, каков Никодим.

И через некоторое время, садясь играть в шахматы, он сообщил хозяину:

- А этот Никодим оказался икряной рыбой! Нашли у него препорядочно всякой всячины...

- Книжки мне возврати, - молвил хозяин, двигая фигуру.

- Обязательно!

Голубоглазый студент больше не являлся. Исчез и маленький молодой человек с чёрными усами. Всё это, питая подозрительность мальчика, намекало на какие-то тайны, загадки.

Книги не возбуждали в нём интереса, он пробовал читать, но никогда не мог сосредоточить на книге свою мысль. Уже загромождённая массою наблюдений, она дробилась на мелочах, расплывалась и наконец исчезала, испаряясь, как тонкая струя воды на камне в жаркий день.

Работая, двигаясь, он не умел думать, движение как бы разрывало паутину мысли, мальчик исполнял работу не спеша, аккуратно, точно, как машина, но не вносил в неё ничего от себя.

Когда же он был свободен и сидел неподвижно - им овладевало приятное ощущение летания в прозрачном тумане, который обнимал жизнь и всё смягчал, претворяя шумную действительность в тихий полусон.

В этом настроении дни проходили неуловимо быстро. Внешняя жизнь была однообразна, мозг незаметно засорялся липкой пылью буден. По городу Климков ходил редко, город не нравился ему.

Непрерывное движение утомляло глаза, шум наливал голову тяжёлой, отупляющей мутью; город был подобен чудовищу сказки, оскалившему сотни жадных ртов, ревущему сотнями ненасытных глоток.

По утрам, убирая комнату хозяина, он, высунув голову из окна, смотрел на дно узкой, глубокой улицы, и - видел всегда одних и тех же людей, и знал, что каждый из них будет делать через час и завтра, всегда. Лавочные мальчики были знакомы и неприятны, опасны своим озорством. Каждый человек казался прикованным к своему делу, как собака к своей конуре. Иногда мелькало или звучало что-то новое, но его трудно было понять в густой массе знакомого, обычного и неприятного.

Церкви города тоже не нравились ему - в них было слишком светло и чересчур сильны запахи ладана, масла. Евсей не выносил крепких запахов, от них кружилась голова.

Иногда в праздник хозяин запирал лавку и водил Евсея по городу. Ходили долго, медленно, старик указывал дома богатых и знатных людей, говорил о их жизни, в его рассказах было много цифр, женщин, убежавших от мужей, покойников и похорон. Толковал он об этом торжественно, сухо и всё порицал. Только рассказывая - кто, от чего и как умер, старик оживлялся и говорил так, точно дела смерти были самые мудрые и интересные дела на земле.

После такой прогулки он угощал Евсея чаем в трактире, где играла музыкальная машина и все знали старика, относились к нему с боязливым почтением. Усталый Евсей под грохот и вой музыки, окутанный облаком тяжёлых запахов, впадал в полусонное оцепенение.

Но однажды хозяин привёл его в дом, где было собрано бесчисленное количество красивых вещей, удивительное оружие, одежды из шёлка и парчи; в душе мальчика вдруг всколыхнулись забытые сказки матери, радостно вздрогнула окрылённая надежда, он долго ходил по комнатам, растерянно мигая глазами, а когда возвратились домой, спросил хозяина:

- Это чьё?..
- Казённое, царёво! - внушительно объяснил старик.

Мальчик спросил иначе:

- А кто носил такие кафтаны и сабли?
- Цари, бояре, разные государевы люди...

26

- Теперь их нет?

- Как нет? Есть. Без них - нельзя. Только теперь одеваются не так.

- Зачем?

- Дешевле. Раньше Россия богаче была, а теперь - ограбили её разные чужие нам люди - жиды, поляки, немцы...

Он долго говорил о том, что Россию никто не любит, все обкрадывают её и желают ей всякого зла. Когда он говорил много - Евсей переставал верить ему и понимать его. Но всё-таки спросил:

- А я - государев человек?

- Как же! У нас всё государево. Вся земля - божья, вся Русь - царёва!

Перед глазами Евсея закружились пёстрым хороводом статные, красивые люди в блестящих одеждах, возникала другая, сказочная жизнь. Она оставалась с ним, когда он лёг спать; среди этой жизни он видел себя в голубом кафтане с золотом, в красных сапогах из сафьяна и Раису в парче, украшенной самоцветными камнями.

"Значит - проходит!" - подумал он.

Эта мысль снова вызывала надежду на иное будущее.

За дверью сухо звучал голос хозяина:

- "Вскую шаташася языцы и аггели помышляша злое..."

IV

Когда он с хозяином, закрыв лавку, вошёл во двор, их встретил звонкий, трепетный крик Анатолия:

- Не буду, - дяденька!.. Никогда-а-а...

Евсей вздрогнул и невольно с тихим торжеством сказал:

- Ага-а...

Ему было приятно слышать крик страха и боли, исходивший из груди весёлого, всеми любимого мальчика, и он попросил хозяина:

- Я останусь на дворе?

- Ужинать надо. Впрочем, я тоже пойду погляжу, как учат сорванца...

За крыльцом дома, у дверей в каменный сарай, собралась публика, в сарае раздавались тяжёлые мокрые шлепки и рыдающий голос Анатолия:

- Дяденька, не виноват! Господи, я не буду, - пусти!.. Христа ради...

Часовщик Якубов, раскуривая папиросу, сказал:

- Так его!..

Косая золотошвейка Зина поддержала длинного и жёлтого часовщика:

- Авось, тише будет, покоя от него нет никому на дворе...

А хозяин Евсея спросил:

- Говорят, он передразнивать людей мастер?

- Как же! - ответила скорнякова кухарка. - Такой дьяволёнок - всех осмеёт...

В сарае раздавался глухой шорох, точно по старым доскам его пола таскали из стороны в сторону мешок, набитый чем-то мягким, ползал задыхающийся, сиплый голос Кузина и всё более глухие, всё более редкие крики Анатолия:

- Ой... заступитесь... Господи!..

Слова начали сливаться в тонкий, захлёбывающийся стон... Евсей вздрагивал, вспоминая боль побоев. Говор зрителей будил в нём спутанное чувство - было боязно стоять среди людей, которые вчера ещё охотно и весело любовались бойким мальчиком, а сейчас с удовольствием смотрят, как его бьют. Но теперь эти усталые от работы, сердитые люди казались ему более понятными, он верил, что никто из них не притворяется, глядя на истязание человека с искренним любопытством. Было немного жалко Анатолия и всё-таки приятно слышать его стоны. Мелькнула мысль:

"Теперь будет смирнее и подружится со мной..."

Вдруг явился скорняк - подмастерье Николай, маленький, чёрный, кудрявый, с длинными руками. Как всегда, дерзкий, никого не уважающий, он растолкал публику, вошёл в сарай и оттуда дважды тяжело ухнул его голос:

- Оставь! Прочь!

Все отшатнулись от дверей. Из сарая выскочил Кузин, сел на землю, схватился руками за голову и, вытаращив глаза, сипло завыл:

- Ка-рау-ул...

Идём-ка, дальше от греха! - сказал хозяин. Евсей подвинулся в угол ко крыльцу и встал там, наблюдая.

Вышел Николай. На руках у него бессильно раскинулось маленькое, измятое тело мальчика. Он положил его на землю, выпрямился и крикнул:

- Бабы, воды, стервы...

Зина и кухарка побежали.

Кузин, закидывая голову, глухо сопел:

- Разбой, караул...

Николай обернулся к нему, ударил ногой в грудь и опрокинул на спину, потом начал кричать, сверкая белками чёрных глаз:

- Сволочи! Ребёнка убивают, а вам - комедия! Разобью хари всем!

Ему со всех сторон отвечали ругательствами, но никто не смел подойти близко.

- Идём! - сказал хозяин, взяв Евсея за руку. Они пошли и увидели, что Кузин, согнувшись, бесшумно бежит к воротам.

Когда мальчик остался один, он почувствовал, что в нём исчезла зависть к Анатолию, и, напрягая свой вялый мозг, объяснил себе то, что видел: это только казалось, что забавного Анатолия любили, на самом деле не было этого. Все любят драться, любят смотреть, как дерутся, все любят быть жестокими. Николай вступился за Анатолия потому, что он любит бить Кузина и бьёт его почти каждый праздник. Смелый, сильный, он может поколотить любого человека в этом доме, а его колотят в полиции. Значит, будешь ли тихим или бойким - тебя всё равно будут бить и обижать.

Прошло несколько дней, на дворе заговорили, что отправленный в больницу ученик стекольщика сошёл с ума. Евсей вспомнил, как горели глаза мальчика во время его представлений, как порывисты были его движения и быстро изменялось лицо, и со страхом подумал, что, может быть, Анатолий всегда был сумасшедшим. И забыл о нём.

...В дождливые ночи осени на крыше, под окном, рождались дробные звуки, мешая спать, будя в сердце тревогу. В одну из таких ночей он услышал злой крик хозяина:

- Мерзавка!..

Раиса возражала, как всегда, негромко и певуче:

- Я не могу позволить вам, Матвей Матвеевич...

- Подлая! Какие деньги я тебе плачу?

Дверь в комнату хозяина была не притворена, голоса звучали ясно. Мелкий дождь тихо пел за окном слезливую песню. По крыше ползал ветер; как большая, бесприютная птица, утомлённая непогодой, он вздыхал, мягко касаясь мокрыми крыльями стёкол окна. Мальчик сел на постели, обнял колени руками и, вздрагивая, слушал:

- Отдай мне двадцать пять рублей, воровка!

- Я не отпираюсь - Доримедонт Лукич дал мне...

- Ага! Вот видишь, дрянь!..

- Нет, вы позвольте - когда вы попросили меня следить за господином...

Дверь закрылась. Но и сквозь стену слышно было, как старик кричал:

- Ты помни, подлая, ты у меня в руках! И если я замечу, что ты с Доримедонтом шашни завела...

Голос женщины, тёплый и гибкий, извивался вокруг злых слов старика и стирал их из памяти Евсея.

Женщина была права, в этом Евсея убеждало её спокойствие и всё его отношение к ней. Ему шёл уже пятнадцатый год, его влечение к смирной и красивой Раисе Петровне начинало осложняться тревожно приятным чувством. Встречая Раису всегда на минуты, он смотрел ей в лицо с тайным чувством стыдливой радости, она говорила с ним ласково, это вызывало в груди его благодарное волнение и всё более властно тянуло к ней...

Ещё в деревне он знал грубую правду отношений между мужчиной и женщиной; город раскрасил эту правду грязью, но она не пачкала мальчика, боязливый, он не смел верить тому, что говорилось о женщинах, и речи эти вызывали у него не соблазн, а жуткое отвращение. Теперь, сидя на постели, Евсей вспоминал добрые улыбки, ласковые слова Раисы. Увлечённый этим, он не успел лечь, когда отворилась дверь из комнаты хозяина и перед ним встала она, полуодетая, с распущенными волосами, прижав руку к груди. Он испугался, замер, но женщина, улыбнувшись, погрозила ему пальцем и ушла к себе.

Утром, подметая в кухне пол, он увидел Раису в двери её комнаты и выпрямился перед нею с веником в руках.

- Хочешь кофе пить со мной? - спросила она.

Обрадованный и смущённый, Евсей ответил:

- Я ещё не умывался, - я сейчас!

И через несколько минут сидел за столом у неё в комнате, ничего не видя, кроме белого лица с тонкими бровями и добрых, влажно улыбавшихся глаз.

- Я тебе нравлюсь? - спросила она.

- Да! - ответил мальчик.

- Почему?

- Вы добрая и красивая...

Он отвечал, как во сне. Ему было странно слышать её вопросы, глаза её должны были знать всё, что творилось в его душе.

- А Матвея Матвеевича ты любишь? - медленно и негромко спросила Раиса.

- Нет! - просто ответил Евсей.

- Разве? А он тебя любит, он сам говорил мне это...

- Нет! - повторил мальчик, качнув головой. Она подняла брови и немножко пододвинулась к нему, спрашивая:

- Ты мне не веришь?

- Вам - верю, а хозяину - не верю, ни в чём...

- Отчего? Отчего? - дважды быстро и тихо спросила она, подвигаясь к нему ещё ближе. Тёплый луч её взгляда проник в сердце мальчика и будил там маленькие мысли; он торопливо выбрасывал их перед женщиной:

- Я его боюсь. Я всех боюсь, кроме вас...

- Почему?

- Вас тоже обижают... Я видел, вы плакали... Это вы не оттого плакали, что были тогда выпивши, - я понимаю. Я много понимаю - только всё

30

вместе не могу понять. Каждое отдельное я вижу до последней морщинки, и рядом с ним совсем даже и непохожее - тоже понимаю, а - к чему это всё? Одно с другим не складывается. Есть одна жизнь и - другая ещё...

- Что ты говоришь? - удивлённо спросила Раиса. Несколько секунд они молча смотрели друг на друга, сердце мальчика билось торопливо, щёки покрылись румянцем смущения.

- Ну, теперь иди! - тихо сказала Раиса, вставая. - Иди, а то он будет спрашивать, почему ты долго. Не говори ему, что был у меня, - хорошо?

- Да.

Он ушёл, насыщенный ласковым звуком певучего голоса, согретый участливым взглядом, и весь день в памяти его звенели слова этой женщины, грея сердце тихой радостью.

День этот был странно длинён. Над крышами домов и площадью неподвижно висела серая туча, усталый день точно запутался в её сырой массе и тоже остановился. К вечеру в лавку пришли покупатели, один - сутулый, худой, с красивыми, полуседыми усами, другой - рыжебородый, в очках. Оба они долго и внимательно рылись в книгах, худой всё время тихонько свистел, и усы у него шевелились, а рыжий говорил с хозяином. Евсей укладывал отобранные книги в ряд, корешками вверх, и прислушивался к словам старика Распопова.

Он заранее знал всё, что будет говорить хозяин, знал, как он будет говорить, и от скуки, вызванной ожиданием вечера, проверял себя.

- Для библиотеки покупаете? - ласково спросил старик.

- Для библиотеки общества учителей! - ответил рыжий и тоже спросил: А что?

"Похвалит!" - думал Евсей о хозяине и не ошибся.

- С большим знанием выбор делаете, приятно видеть правильную оценку книги...

- Приятно?

"Сейчас улыбнётся", - подумал Евсей.

- Как же! - любезно усмехаясь, сказал старик. - К этому товару привыкаешь, любишь его, ведь не дрова, произведение ума. Когда видишь, что и покупатель уважает книгу, - это приятно. Вообще-то наш покупатель чудак, приходит и спрашивает - нет ли интересной книги какой-нибудь? Ему всё равно, он ищет забавы, игрушечку, но не пользу. А иной раз бывает - вдруг спросит запрещённых книг...

- Как это - запрещённых? - спросил рыжий, прищуривая маленькие глазки.

- Напечатанных за границей или тайно в России...

- А бывают в продаже и такие?

"Теперь будет говорить тихонько!" - вспоминал Евсей приёмы старика.

31

Уставившись очками в лицо рыжего, хозяин почти шёпотом сказал:

- Почему не быть? Иногда купишь целую библиотеку, ну, а в ней всё попадается, всё.

- И сейчас имеете такие книги?

- Найдётся несколько...

- А ну, покажите-ка! - попросил рыжий.

- Только я вас попрошу сохранить это в секрете... знаете, - не из-за прибыли, а из почтения... желаешь услужить...

Сутулый человек перестал свистеть, поправил очки и внимательно осмотрел старика.

Сегодня хозяин был особенно противен Евсею, весь день он наблюдал за ним с тоскливой злостью, и теперь, когда старик отошёл с рыжим в угол лавки, показывая там книги, мальчик вдруг шёпотом сказал сутулому покупателю:

- Тех книг не покупайте...

Сказал и вздрогнул в остром испуге. Из-под очков в лицо ему заглянули светлые прищуренные глаза.

- Почему?

Не сразу, с большим усилием, Евсей ответил:

- Я не знаю...

Покупатель снова поправил очки, отодвинулся от него и засвистал громче, искоса присматриваясь к старику. Потом, дёрнув головой кверху, он сразу стал прямее, вырос, погладил седые усы, не торопясь подошёл к своему товарищу, взял из его рук книгу, взглянул и бросил её на стол. Евсей следил за ним, ожидая чего-то беспощадного для себя. Но сутулый дотронулся до руки товарища и сказал просто, спокойно:

- Ну, идём...

- А - книги? - воскликнул рыжий.

- Идём...

Рыжий взглянул на него, потом на хозяина, его маленькие глазки часто замигали, и он отошёл к двери на улицу.

- Не желаете? - спросил Распопов.

Евсей понял по голосу, что старик удивлён.

- Не желаю! - ответил покупатель, пристально глядя в лицо хозяина. Тот съёжился, отступил, взмахнул рукой и вдруг неестественно громко заговорил незнакомым Евсею голосом:

- Воля ваша! Всё-таки этого я, извините, не понимаю...

- Чего не понимаете? - спросил сутулый, усмехаясь.

- Рылись два часа, сторговались и вдруг - почему? - тревожно выкрикивал старик.

- Хотя бы потому, что вспомнил я вашу противную рожу. Вы ещё не издохли?

32

Сутулый выговорил свои слова медленно, негромко, отчётливо и ушёл из лавки не торопясь, шагая тяжело, гулко.

Минуту старик смотрел вслед ему, затем сорвался с места, мелкими шагами подбежал к Евсею и, схватив его за плечо, быстрым шёпотом заговорил:

- Иди за ним, узнай, где живёт, иди! Незаметно, понимаешь, скорее!

Евсей упал бы, если б старик не удерживал его на ногах. Слова старика сухо трещали в его груди, точно горох в погремушке...

- Чего ты дрожишь, болван?

Чувствуя, что рука хозяина выпустила его плечо, Евсей побежал к двери...

- Стой!..

Он остановился, схваченный криком.

- Куда тебе, - разве ты можешь!.. А-ах...

Евсей отскочил в угол, он впервые видел хозяина таким злым, понимал, что в этой злобе много испуга - чувства, слишком знакомого ему, и, несмотря на то, что сам он был опустошён страхом, ему всё-таки нравилась тревога старика.

Маленький, пыльный старик метался по лавке, точно крыса в западне. Он подбегал к двери, высовывал голову на улицу, вытягивал шею, снова возвращался в лавку, ощупывал себя растерявшимися, бессильными руками и бормотал и шипел, встряхивая головой так, что очки его прыгали по лицу:

- Н-на-а, - подлец!.. Да-а, - подлец, - я жив!

И крикнул Евсею:

- Запирай лавку!

Войдя в свою комнату, он, перекрестясь, тяжело свалился на чёрный диван. Всегда гладкий, теперь старик весь был покрыт морщинами, лицо его съёжилось, платье повисло складками на его встревоженном теле.

- Скажи хозяйке, чтобы перцовки дала мне, - большую рюмку...

Когда Евсей принёс водку, хозяин поднялся, залпом выпил её и, широко открыв рот, долго смотрел в лицо Евсея, а потом спросил:

- Ты понимаешь, что он меня обидел?

- Да, - сказал Евсей.

Старик поднял руку, молча погрозил пальцем и надломленным голосом проговорил:

- Я его знаю...

Сняв свою чёрную шапочку, потёр руками голый череп, осмотрел комнату, снова потрогал руками голову и лёг на диван.

Раиса внесла ужин и, расставляя на столе тарелки, спросила:

- Устали?

Нездоровится, лихорадка. Дайте ещё перцовки. Посидите с нами, вам ещё рано уходить...

Говорил он торопливо, приказывая. Когда Раиса села, старик приподнял очки и подозрительно осмотрел её.

За ужином он вдруг, подняв ложку вверх, проговорил:

Не хочется есть...

И, наклонив голову над тарелкой, долго молчал.

Евсей настойчиво старался понять, что случилось в лавке. Было похоже, как будто он неожиданно зажёг спичку, и от её ничтожного пламени вдруг жарко вспыхнуло что-то и едва не сожгло его злым огнём.

Люди связаны, опутаны какими-то невидимыми нитями, - если случайно задеть нитку, человек дёргается, сердится.

Старик вдруг тихо и подозрительно спросил, глядя на Евсея:

- Ты о чём думаешь?

Евсей смущённо встал:

- Я не думаю...

- Ну, ступай, - поужинал и- ступай!

Желая позлить хозяина, Евсей начал убирать посуду со стола, нарочно не торопясь. Тогда старик визгливо крикнул:

- Иди, я тебе говорю! Дурак!

Евсей вышел, сел на сундук, дверь он притворил неплотно, - хотелось слышать, что будет говорить хозяин.

- Ты чего сидишь?

Он обернулся. Высунув голову из двери, хозяин смотрел на него.

- Ложись, спи!

Дверь плотно закрылась, Евсей разделся и лёг.

Сухие слова старика шуршали за дверью, точно осенние листья. Иногда старик сердился, вскрикивал, - это мешало и думать и спать.

Утром Раиса снова позвала его к себе и, когда он сел, спросила, улыбаясь:

- Что у вас вчера в лавке-то было?

Евсей подробно рассказывал, она смеялась, довольная и весёлая, но вдруг прищурила глаза и негромко спросила:

- Ты понимаешь - кто он?

- Нет...

- Сыщик! - шепнула она, глаза у неё пугливо расширились.

Евсей молчал. Тогда она встала, подошла к нему и, гладя его голову, заговорила задумчиво и ласково:

- Какой ты, - ничего не понимаешь. Что такое ты говорил мне? Какая другая жизнь?

Вопрос оживил его, ему очень хотелось говорить об этом. Глядя ей в лицо бездонным взглядом незрячих глаз, он начал рассказывать:

- Есть другая жизнь, - а откуда же сказки? Не только сказки...

Женщина, смеясь, растрепала ему волосы тёплыми пальцами:

- Глупенький ты...

И серьёзно, даже строго сказала:

- Схватят тебя, поведут куда хотят, и будут делать с тобой что хотят, - вот и вся жизнь!

Евсей молча кивнул головой, соглашаясь со словами Раисы. Она вздохнула, посмотрела из окна на улицу, и, когда снова обернулась к Евсею, лицо её удивило его - оно было красное, глаза стали меньше, темнее. Женщина сказала ленивым и глухим голосом:

- Если бы ты был... умнее, что ли, бойчее, я бы тебе, может быть, что-нибудь сказала. Да ты такой, что и сказать тебе нечего. А твоего хозяина - удавить надо... Вот, передай ему, что я говорю... ты ведь всё ему передаёшь...

Евсей поднялся со стула, облитый обидой, и забормотал:

- Я про вас никогда не скажу. Я вас очень люблю, и, хоть бы удавили вы его, - всё равно! Так я вас люблю...

Он вяло пошёл к двери, но руки женщины, точно тёплые, белые крылья, охватили его, повернули назад.

- Я тебя обидела? - слышал он. - Ну, прости... Если бы ты знал, какой он дьявол. Ненавижу его... ах ты...

Крепко прижав его к своей груди, она дважды поцеловала мальчика.

- Так - любишь?

- Да, - прошептал Евсей, чувствуя, что он кружится в горячем вихре неведомой радости.

Смеясь и лаская его, она сказала:

- Ах ты, - мальчуган...

Спускаясь с лестницы, он улыбался. У него кружилась голова, тело налилось сладкой истомой, он шёл тихо и осторожно, точно боялся расплескать горячую радость сердца.

- Ты что долго? - вопросительно спросил хозяин.

Евсей взглянул на него, но увидел перед собой какое-то смутное пятно без формы.

- Голова у меня болит! - медленно ответил он.

- Также и у меня. Что это значит? Раиса встала?

- Да...

- Говорила с тобой?

- Да-а...

- О чём? - быстро спросил хозяин.

Вопрос точно хлестнул Евсея по лицу, он спохватился и ответил:

- Говорила, что плохо кухню подметаю...

Евсей услыхал тихий, унылый возглас старика:

- Это - женщина опасная! Да, да... Выспрашивает, заставляет говорить ей чего не надо...

V

Дни побежали торопливой, спутанной толпой, как будто впереди их ожидала радость, но каждый день становился всё тревожнее.

Старик стал угрюм, молчалив, странно оглядывался и, внезапно вспыхивая, кричал, сердился, выл тревожным воем больной собаки...

Он жаловался на нездоровье, его тошнило, за обедом он подозрительно нюхал кушанье, щипал дрожащими пальцами хлеб на мелкие крошки, чай и водку рассматривал на свет. По вечерам всё чаще ругал Раису, грозя погубить её. Она отвечала на его крики спокойно, мягко, у Евсея росла любовь к ней и скоплялась докучная ненависть к хозяину.

- Разве я не понимаю, что ты задумала, подлая! - кричал старик жалобно и зло. - Отчего у меня болезнь? Чем отравляешь?

- Что вы, что вы! - звучал спокойный голос женщины. - Хвораете вы от старости.

- Врёшь, врёшь!

- От испуга тоже...

- Ты, проклятая, молчи!

- Пора вам думать о смерти...

- Ага - вот ты чего хочешь? Врёшь! Не на что тебе надеяться. Дело твоё - не одному мне известно! Я Доримедонту рассказал про тебя, - да! Что?

И снова завыл слезливо и громко.

- Я знаю - он твой любовник!.. Это он подговорил тебя, чтобы ты отравила меня. Ты думаешь - в его руках легче тебе будет? Врёшь - не будет!

В тёмный час одной из подобных сцен Раиса вышла из комнаты старика со свечой в руке, полураздетая, белая и пышная; шла она, как во сне, качаясь на ходу, неуверенно шаркая босыми ногами по полу, глаза были полузакрыты, пальцы вытянутой вперёд правой руки судорожно шевелились, хватая воздух. Пламя свечи откачнулось к её груди, красный, дымный язычок почти касался рубашки, освещая устало открытые губы и блестя на зубах.

Когда она прошла мимо Евсея, не заметив его, он невольно потянулся за нею, подошёл к двери в кухню, заглянул туда и оцепенел от ужаса:

поставив свечу на стол, женщина держала в руке большой кухонный нож и пробовала пальцем остроту его лезвия. Потом, нагнув голову, она дотронулась руками до своей полной шеи около уха, поискала на ней чего-то длинными пальцами, тяжело вздохнув, тихо положила нож на стол, и руки её опустились вдоль тела...

Евсей схватился за косяк, она вздрогнула, обернулась на шорох и сердитым шёпотом спросила:

- Чего тебе?..

Задыхаясь, Евсей ответил:

- Он умрёт скоро, - зачем вы себя-то!

- Ш-ш! - остановила она и, коснувшись Евсея, точно опираясь на него, снова прошла в комнату старика.

Скоро Распопов уже не мог вставать с постели, голос его ослабевал и хрипел, лицо чернело, бессильная шея не держала голову, и седой клок волос на подбородке странно торчал кверху. Приходил доктор, и каждый раз, когда Раиса давала больному лекарство, он хрипел:

- С ядом, а?

- Если не хотите - я вылью! - говорила женщина негромко.

- Нет, нет, ты оставь... Завтра я полицию позову, - и спрошу, чем ты меня травишь...

Евсей стоял у двери, прикладывая к щели в ней то глаз, то ухо, почти до слёз удивлялся терпению Раисы, в груди его неудержимо разрасталась жалость к ней, острое желание смерти старику.

Скрипела кровать, и дрожал тонкий звон ложки о стекло стакана.

- Размешивай, размешивай, стерва! - бормотал хозяин.

...- Перенеси меня на диван! - приказал он однажды:

Раиса взяла его на руки, понесла, легко, точно ребёнка. Его жёлтая голова лежала на розовом плече её, тёмные, сухие ноги вяло болтались, путаясь в белых юбках.

- Господи... - заныл старик, раскидываясь по широкому дивану. Господи, почто предал раба твоего в руки злодеев? Разве грехи мои горше их грехов, владыко?

Он задохнулся, захрипел и свистящим голосом продолжал:

- Прочь ты! Отравила одного, я спас тебя от каторги, а теперь ты меня, - а-а! Врёшь...

Раиса медленно отодвинулась в сторону, Евсей видел маленькое, сухое тело хозяина, его живот вздувался и опадал, ноги дёргались, на сером лице судорожно кривились губы, он открывал и закрывал их, жадно хватая воздух, и облизывал тонким языком, обнажая чёрную яму рта. Лоб и щёки, влажные от пота, блестели, маленькие глаза теперь казались большими, глубокими и неотрывно следили за Раисой.

37

- Никого нет!.. Нет близкого на земле... Нет верного друга, - за что? О господи!

Голос старика взвизгнул и переломился.

- Ты, распутная... Побожись перед иконой, что не отравляешь меня...

Раиса обернулась в угол и перекрестилась.

- Не верю я, - не верю! - бормотал он, хватая и царапая руками грудь, бельё, спинку дивана.

- Выпейте, лучше будет! - вдруг почти крикнула Раиса.

- Лучше?.. - повторил старик. - Родная, ты у меня одна, ты! Я тебе всё отдам!.. Родная, Рая...

Он протягивал к ней костлявую руку и манил её к себе, шевеля чёрненькими пальцами.

- Ах, надоел ты мне, проклятый! - сдавленным голосом выговорила Раиса. Выхватив из-под его головы подушку, бросила её в лицо старика, навалилась на неё грудью и забормотала:

- Иди к чёрту! Иди... иди...

Евсей слышал хрип, глухие удары, понимал, что Раиса душит, тискает старика, а хозяин бьёт ногами по дивану, - он не ощущал ни жалости, ни страха, но хотел, чтобы всё сделалось поскорее, и для этого закрыл ладонями глаза и уши.

Боль удара в бок дверью из комнаты хозяина заставила его вскочить на ноги - перед ним стояла Раиса, поправляя распустившиеся по плечам волосы.

- Ну, - видел? - сурово спросила она.

- Видел! - сказал Евсей, кивнув головой, и подвинулся ближе к Раисе.

- Вот, - доноси полиции...

Она повернулась и ушла в комнату, оставив дверь открытой, а Евсей встал в двери, стараясь не смотреть на диван, и шёпотом спросил:

- Он совсем умер?..

- Да! - чётко ответила женщина.

Тогда Евсей повернул голову, безучастными глазами посмотрел на маленькое тело хозяина, приклеенное к чёрному дивану, плоское, сухонькое, посмотрел на него, на Раису и облегчённо вздохнул.

В углу, около постели, стенные часы нерешительно и негромко пробили раз - два; женщина дважды вздрогнула, подошла, остановила прихрамывающие взмахи маятника неверным движением руки и села на постель. Поставив локти на колени, она сжала голову ладонями, волосы её снова рассыпались, окутали руки, закрыли лицо плотной, тёмной завесой.

Едва касаясь пола пальцами босых ног, боясь нарушить строгую тишину, Евсей подошёл к Раисе, глядя на её голое плечо, и сказал негромко:

- Так ему и надо...

- Отвори окно! - сурово приказала Раиса. - Подожди. Ты боишься?

- Нет!

- Почему? Ведь ты боязливый.

- С вами я не боюсь...

- Отвори окно!

Ночной холод ворвался в комнату и облетел её кругом, задувая огонь в лампе. По стенам метнулись тени. Женщина взмахнула головой, закидывая волосы за плечи, выпрямилась, посмотрела на Евсея огромными глазами и с недоумением проговорила:

- За что погибаю? Всю жизнь - из ямы в яму... Одна другой глубже...

Евсей снова встал рядом с нею, оба долго молчали. Потом она обняла его за талию мягкой рукой и, прижимая к себе, тихо спросила:

- Слушай, ты скажешь про это?

- Нет! - ответил он, закрыв глаза.

- Никому? Никогда? - задумчиво проговорила женщина.

- Никогда! - повторил он тихо, но твёрдо. Встала, оглянулась и заметила деловито:

- Оденься, холодно! Надо немножко прибрать комнату... Иди, оденься!

Когда он воротился, то увидел, что труп хозяина накрыт с головой одеялом, а Раиса осталась, как была, полуодетой, с голыми плечами; это тронуло его. Они, не торопясь, прибрали комнату, и Евсей чувствовал, что молчаливая возня ночью, в тесной комнате, крепко связывает его с женщиной, знающей страх. Он старался держаться ближе к ней, избегая смотреть на труп хозяина.

Светало.

- Теперь иди, ляг, усни, - приказала женщина. - Я скоро разбужу тебя, - и, потрогав рукой постель его, сказала: - Ай, как жёстко тебе...

Когда он лёг, - села рядом с ним и, поглаживая голову его мягкою ладонью, говорила тихо:

- Будут спрашивать - ты ничего не знаешь... спал, ничего не видел...

Спокойно и толково она учила его, как надо говорить, а ласка её будила в нём воспоминание о матери. Ему было хорошо, он улыбался.

- Доримедонт - тоже сыщик... - слышал он баюкающий голос. - Ты будь осторожнее... Если он выспросит тебя, - я скажу, что ты всё знал и помогал мне во всём, - тогда и тебя в тюрьму посадят.

И, тоже улыбаясь, повторила:

- В тюрьму и потом - на каторгу... Понял?

- Да! - тихо и счастливо ответил Евсей, глядя в лицо её слипающимися глазами.

- Засыпаешь? Ну, спи... - слышал он сквозь дрёму, счастливый и благодарный. - Забудешь ты всё, что я говорила?.. Какой ты, слабенький... спи!

Он заснул.

Но скоро его разбудил строгий голос:

- Мальчик, вставай!.. Мальчик!

Он вскинулся всем телом, вытянув вперёд руки. У постели его стоял Доримедонт с палкой в руке.

- Что ж ты спишь, - а? У тебя скончался хозяин, а ты спишь! В день смерти благодетеля нужно плакать, а не спать... Одевайся!

Плоское угреватое лицо сыщика было строго, слова его повелительно дёргали Евсея и правили им, как вожжи смирной лошадью.

- Беги в полицию. Вот записка!

Евсей вяло оделся, вышел на улицу и, усиленно расширяя глаза, побежал по тротуару, натыкаясь на прохожих.

"Скорей бы похоронить его! - бессвязно и тревожно думал он. - Напугает её Доримедонт, она ему всё и расскажет. Тогда и меня в тюрьму..."

Когда он вернулся домой, там уже сидел чернобородый полицейский чиновник и какой-то седой старик в длинном сюртуке, а Доримедонт говорил полицейскому командующим голосом:

- Слышите, Иван Иванович, что говорит доктор? Рак!.. Ага! Вот мальчик, - эй, мальчик, иди, принеси полдюжины пива, скорее!

Раиса в кухне варила кофе, делала яичницу. Рукава у неё были высоко засучены, белые руки мелькали быстро и ловко.

- Придёшь - кофеем напою! - пообещала она Евсею, улыбаясь.

Он бегал весь день до вечера, потеряв себя в сутолоке, не имея времени заметить, что творится в доме, но чувствуя, что всё идёт хорошо для Раисы. В этот день она была красивее, чем всегда, и все смотрели на неё с удовольствием.

А вечером, когда он, почти больной от усталости, лежал в постели, ощущая во рту неприятный, склеивающий вкус, он слышал, как Доримедонт строго и властно говорил Раисе:

- Его нельзя спускать с глаз - понимаешь? Он - глуп.

Потом он и Раиса вошли в комнату Евсея, сыщик важно протянул руку и сказал, посапывая:

- Встань! Ну, скажи - как ты теперь будешь жить?

- Я не знаю...

- Не знаешь? Кто же знает?

Глаза сыщика опухли, щёки и нос у него побагровели, он дышал горячо, шумно и был похож на жарко истопленную печь.

40

- Ты будешь жить с нами, - со мной! - ласково объявила Раиса.

- Да, ты будешь жить у нас, а я найду тебе хорошее место.

Евсей молчал.

- Ну, что же ты?

- Ничего... - сказал Евсей не сразу.

- Должен благодарить, дурашка! - снисходительно пояснил Доримедонт.

Евсей чувствовал, что маленькие серые глазки, подобно гвоздям, прикрепляют его к чему-то неоспоримому.

- Мы будем для тебя - лучше родных! - сказал Доримедонт, уходя, и оставил за собой тяжёлый запах пива, пота и жира.

Евсей открыл окно, прислушался, как ворчит и возится, засыпая, город.

Потом лёг, глядя пугливыми глазами в темноту, в ней медленно двигались чёрными кусками шкафы, сундуки, колебались едва видимые стены, и всё это давило необоримым страхом, толкало его в какой-то неизбежный, душный угол.

В комнате Раисы мычал сыщик:

- Ничего-о... Это - пройдёт... А-а, привыкнешь!

Евсей сунул голову под подушку, но через минуту, задыхаясь, вскочил перед ним мелькнули сухие, тёмные ноги хозяина, засветились его маленькие, красные, больные глазки.

Он взвизгнул, побежал, вытянув вперёд руки, толкнул ими в дверь Раисы и тихо завыл:

- Боюсь...

Два больших белых тела метнулись в комнате, одно из них пугливо и злобно зарычало:

- Пошёл вон!

Евсей упал на колени и забился на полу у ног людей, как испуганная ящерица, тихонько вскрикивая:

- Боюсь...

...Потом дни были наполнены суетой похорон, переездом Раисы на квартиру Доримедонта. Евсей без дум метался, точно маленькая птица, в облаке тёмного страха, И лишь порою в нём, как синий болотный огонёк, вспыхивала робкая мысль:

"Что со мной будет?"

И обжигала сердце тоской, вызывая желание убежать куда-то, спрятаться, но всюду он встречал зоркие глаза Доримедонта и слышал его тупой голос:

- Мальчик, живо!

Эта команда звучала где-то внутри Евсея, она толкала его из стороны в сторону; целые дни он бегал, а вечером, утомлённый и пустой, засыпал тяжким, чёрным сном, полным страшных сновидений.

VI

От этой жизни он очнулся в сумрачном углу большой комнаты с низким потолком, за столом, покрытым грязной, зелёной клеёнкой. Перед ним толстая исписанная книга и несколько листков чистой разлинованной бумаги, в руке его дрожало перо, он не понимал, что нужно делать со всем этим, и беспомощно оглядывался кругом.

В комнате стояло много столов, за ними, по двое и по четверо, сидели разные люди; устало и сердито перекидываясь короткими словами, они торопливо писали и много курили. Едкий синий дым плыл к форточкам окон, а встречу ему назойливо и непрерывно вытекал с улицы оглушающий шум. Множество мух кружилось над головой, они бестолково ползали по объявлениям на стенах, по столам, стукались о стёкла и в суете своей были подобны людям, наполнявшим эту душную, грязную клетку. У дверей стояли полицейские солдаты, входили разные люди, кланялись, покорно улыбались, вздыхали. Колыхался их торопливый, жалобный говор, его разрывали строгие окрики чиновников.

Вытянув шею над столом, Евсей осматривал служащих, желая найти среди них кого-то, кто помог бы ему. В нём пробудился инстинкт самозащиты и собирал все подавленные чувства, разорванные мысли в одно стремление поскорее приспособиться к этому месту и людям, чтобы сделать себя незаметным среди них.

Все служащие, молодые и старые, имели нечто общее - одинаково измятые, потёртые, все они легко и быстро раздражались, кричали, оскалив зубы, размахивая руками. Было много пожилых и лысых, несколько рыжих и двое седых: один - длинноволосый, высокий, с большими усами, похожий на священника, которому обрили бороду, другой - краснолицый, с огромною бородою и голым черепом.

Это он посадил Евсея в угол, положил перед ним книгу и приказал, стукая по ней пальцем, что-то переписать из неё.

Теперь перед этим стариком стояла пожилая женщина, вся в чёрном, и жалобно тянула:

- Милостивый государь...

- Вы мне мешаете! - крикнул старик, не глядя на неё.

Одни люди жаловались, просили, оправдывались, говоря покорно и плаксиво, другие покрикивали на них сердито, насмешливо, устало.

Шелестела бумага, скрипели перья, и сквозь весь этот шум просачивался тихий плач девушки.

- Алексей! - громко позвал седобородый старик. - Уведи эту женщину...

Его глаза остановились на Климкове, он быстро подошёл к нему и удивлённо спросил:

- Ты что же - а? Ты почему не пишешь?

Евсей молчал, опустив голову.

- Ну, вот - наградили ещё одним дураком! - сказал старик, пожимая плечами, и пошёл прочь, крича: - Эй, Зарубин...

Сухой, тоненький подросток с чёрными кудрями на миленькой голове, с низким лбом и бегающими глазками, сел рядом с Евсеем, толкнул его локтем в бок, спрашивая вполголоса:

- В чём дело?

- Не понимаю... - испуганно сказал Климков.

Где-то внутри подростка - точно в животе у него - глухо ухнуло:

- У!

- Я тебя научу, а ты дашь мне полтинник, когда получишь жалованье, ладно?

- Ладно...

Чёрненький указал, что? надо выписать из книги, и в нём снова как будто что-то оборвалось:

- У!

Он исчез, юрко скользя между столов, сгибаясь на ходу, прижав локти к бокам, кисти рук к груди, вертя шершавой головкой и поблескивая узенькими глазками. Евсей, проводив его взглядом, благоговейно обмакнул перо в чернила, начал писать и скоро опустился в привычное и приятное ему забвение окружающего, застыл в бессмысленной работе и потерял в ней свой страх.

Он быстро привык к новому месту. Механически исполнительный, всегда готовый услужить каждому, чтобы поскорее отделаться от него, он покорно подчинялся всем и ловко прятался за своей работой от холодного любопытства и жестоких выходок сослуживцев. Молчаливый и скромный, он создал себе в углу незаметное существование и жил, не понимая смысла дней, пёстро и шумно проходивших мимо его круглых, бездонных глаз.

Он слышал жалобы, стоны, испуганные крики, строгие голоса полицейских офицеров, раздражённый ропот и злые насмешки канцеляристов. Часто людей били по лицу, выталкивали в шею за дверь, нередко текла кровь; иногда полицейские приводили людей, связанных верёвками, избитых, - они страшно мычали. Воры улыбались всем, как

43

добрые знакомые, проститутки тоже заискивающе улыбались, все они оправляли свои платья всегда одним и тем же движением руки. Беспаспортные угрюмо или уныло молчали, глядя исподлобья; политические поднадзорные приходили гордо, спорили, кричали и никогда не говорили никому ни здравствуйте, ни прощайте, ко всем относясь со спокойным презрением или явной враждебностью. О них в канцелярии говорили много, почти всегда насмешливо, порою злобно, но под насмешками и злобой Евсею чувствовался скрытый интерес и некоторый почтительный страх перед людьми, которые держались независимо.

Больше всего возбуждали интерес служащих политические сыщики, люди с неуловимыми физиономиями, молчаливые и строгие. О них с острой завистью говорили, что они зарабатывают большие деньги, со страхом рассказывали, что этим людям - всё известно, всё открыто; сила их над жизнью людей неизмерима, они могут каждого человека поставить так, что куда бы человек ни подвинулся, он непременно попадёт в тюрьму.

У Климкова незаметно накоплялся опыт, слабая, неумелая мысль не могла организовать его в стройное целое, но, подчиняясь силе тяжести своей, он постепенно слагался сам собою, обострял любопытство, иногда подсказывал Евсею мысли, пугавшие его.

Вокруг никто никого не жалел, и Евсею тоже не было жалко людей, ему стало казаться, что все они притворяются, даже когда избиты, плачут и стонут. В глазах каждого он видел что-то затаённое, недоверчивое, и не раз ухо его ловило негромкое, но угрожающее обещание:

- Погодите - будет праздник и на нашей улице...

Вечерами, когда он сидел в большой комнате почти один и вспоминал впечатления дня, - всё ему казалось лишним, ненастоящим, всё было непонятно. Казалось - все знают, что надо жить тихо, беззлобно, но никто почему-то не хочет сказать людям секрет иной жизни, все не доверяют друг другу, лгут и вызывают на ложь. Было ясно общее раздражение на жизнь, все жаловались на тяжесть её, каждый смотрел на другого, как на опасного врага своего, и у каждого недовольство жизнью боролось с недоверием к людям.

Порою Евсеем овладевала тяжёлая, ослабляющая скука, пальцы его становились вялыми, он откладывал перо в сторону и, положив голову на стол, долго, неподвижно смотрел в дымный сумрак комнаты, стараясь что-то найти в глубине своей души.

Его начальник, бритый старик, кричал ему:

- Климков! Заснул?

Евсей хватал перо и, вздыхая, говорил себе:

44

"Пройдёт..."

Но не мог понять - верит он в это или уже не верит, а только утешает себя...

Дома было скучнее и тяжелее, чем в канцелярии полицейского управления.

Утром Раиса, полуодетая, с измятым лицом и тусклыми глазами, молча поила кофе. В её комнате кашлял и харкал Доримедонт, теперь его тупой голос стал звучать ещё более громко и властно, чем прежде. В обед и за ужином он звучно чавкал, облизывал губы, далеко высовывая большой, толстый язык, мычал, жадно рассматривая пищу перед тем, как начать есть её. Его красные, прыщеватые щёки лоснились, серые глазки ползали по лицу Евсея, точно два холодных жучка, и неприятно щекотали кожу.

- Я, брат, - говорил он, - вес жизни знаю - и сколько стоит человеку фунт добра и зла! А тебе сразу счастье пришло, вот я тебя поставил на место и буду толкать до возможной высоты...

Говоря, он покачивал своё грузное тело, стул под ним жалобно скрипел. Евсей чувствовал, что этот человек может заставить его сделать всё, что захочет.

Иногда сыщик хвастливо и самодовольно сообщал:

- Сегодня опять мне благодарность от Филиппа Филипповича. Руку подал даже...

Однажды, во время ужина, он, подёргивая себя за ухо, сказал:

- Сижу я в одном ресторане и вижу - человек котлету ест и всё оглядывается и часто смотрит на часы. Тебе нужно знать, Евсей, - честный, спокойный человек не смотрит по сторонам, люди его не интересуют, время он знает. За людьми наблюдают только агенты охраны и преступники. Я, конечно, этого господина заметил. Вот приходит дачный поезд, является в ресторан ещё господин, чёрный, с бородкой, из жидов, как видно, и в петлице у него два цветка - красный с белым. Знак! Вижу - здороваются, - глазами. Ага, думаю!.. Чёрный спросил есть, сельтерской выпил и пошёл, а тот, прежний, не торопясь, за ним... И я за ними...

Он надул щёки, с силой выдохнул изо рта в лицо Евсея струю дыхания, насыщенного запахами мяса и пива. Евсей покачнулся на стуле, а сыщик захохотал, потом громко отрыгнул и продолжал, подняв толстый палец:

- Месяц и двадцать три дня я за ними ухаживал - н-на! Наконец доношу: имею, мол, в руках след подозрительных людей. Поехали. Кто таков? Русый, который котлету ел, говорит - не ваше дело. Жид назвался верно. Взяли с ними ещё женщину, - уже третий раз она попадается. Едем в разные другие места, собираем народ, как грибы, однако всё шваль, известная нам. Я было огорчился, но вдруг русый вчера назвал своё имя, - оказывается господин серьёзный, бежал из Сибири, - н-на! Получу на Новый год награду!

Раиса, слушая, смотрела куда-то через голову сыщика и медленно жевала корку хлеба, откусывая от неё маленькие кусочки.

- Ловите вы их, ловите, а они не переводятся! - лениво сказала она.

Сыщик усмехнулся и важно ответил:

- Не понимаешь ты политики, оттого и говоришь ерунду, любезная моя! Людей этих мы вовсе не желаем истребить окончательно - они для нас как бы искры и должны указывать нам, где именно начинается пожар. Это говорит Филипп Филиппович, а он сам из политических и к тому же - еврей, н-на... Это очень тонкая игра...

Взгляд Евсея скучно блуждал по квадратной тесной комнате, стены её были оклеены жёлтыми обоями, всюду висели портреты царей, генералов, голых женщин, напоминая язвы и нарывы на коже больного. Мебель плотно прижималась к стенам, точно сторонясь людей, пахло водкой и жирной, тёплой пищей. Горела лампа под зелёным абажуром, от него на лица ложились мёртвые тени...

Сыщик протянул руку через стол и дёрнул Евсея за волосы.

- Когда я говорю - ты должен слушать...

Он часто бил Климкова, и хотя не больно, но его удары были особенно обидны, точно он бил не по лицу, а по душе. Особенно нравилось ему бить по голове перстнем, - он сгибал палец и стукал тяжёлым перстнем так, что получался странный, сухо щёлкавший звук. И каждый раз, когда Евсей получал удар, Раиса, двигая бровями, пренебрежительно говорила:

- Полноте, Доримедонт Лукич, не надо...

- Н-на! Что он - расколется от этого? Надо же его учить...

Раиса похудела, под глазами у неё явились синие круги, взгляд стал ещё более неподвижен и туп. В те вечера, когда сыщика не было дома, она посылала Евсея за водкой, глотала её маленькими рюмками и потом что-то рассказывала ему ровным голосом, запутанно и непонятно, часто останавливаясь и вздыхая.

Её большое тело распускалось, постепенно она расстёгивала пуговицу за пуговицей, развязывала тесёмки и, полураздетая, разваливалась в кресле, точно перекисшее тесто.

- Скучно мне, - говорила она, мотая головой, - скучно! Был бы ты красивее или хоть старше, развлекал бы меня. Ах, какой ты ненужный...

Евсей молча опускал голову, сердце его обливалось жгучим холодом обиды.

46

- Ну, что ты вянешь, чего никнешь? - слышал он тоскливые жалобы. Другие в твои годы уже давно девиц любят, живым живут...

Иногда, выпив водки, она привлекала его к себе и тормошила, вызывая в нём сложное чувство страха, стыда и острого, но не смелого любопытства. Он плотно закрывал глаза, отдаваясь во власть её бесстыдных и грубых рук молча, безвольно, малокровный, слабый, подавленный обессиливающим предчувствием чего-то страшного.

- Ступай, спи! Ах ты, боже мой! - восклицала она, брезгливо отталкивая его. Он уходил от неё в прихожую, где спал, и всё более отдалялся внутренне, понемногу теряя своё бесформенное, тёпленькое чувство к ней. Лёжа в постели, налитый обидой и острым, неприятным возбуждением, слышал, как Раиса густым, воркующим голосом пела задумчивую песню, всегда одну, и звенит стекло бутылки, стукаясь о рюмку...

Но однажды, тёмною ночью, когда в стёкла окна около постели Евсея с визгом хлестали тонкие струи осеннего дождя, Раисе удалось разбудить в подростке нужное ей чувство.

- Вот так! - говорила она, пьяно посмеиваясь. - Теперь ты - мой любовник! Видишь, как это хорошо, - а?

Он стоял у постели с дрожью в ногах, в груди, задыхаясь, смотрел на её огромное, мягкое тело, на широкое, расплывшееся от усмешки лицо. Ему уже не было стыдно, но сердце, охваченное печальным чувством утраты, обиженно замирало, и почему-то хотелось плакать. Он молчал, печально ощущая, что эта женщина чужда, не нужна, неприятна ему, что всё ласковое и хорошее, лежавшее у него в сердце для неё, сразу проглочено её жадным телом и бесследно исчезло в нём, точно запоздалая капля дождя в мутной луже.

- Будем мы с тобою Доримедошку надувать, свинью, - иди сюда!

Он, не смея отказаться, подошёл. Но теперь женщина уже не могла победить в нём неприязни к ней. Она долго тормошила его и обидно смеялась над ним, потом, грубо оттолкнув от себя его костлявое тело, выругалась и ушла.

Когда Евсей остался один, то безнадёжно подумал:

"Теперь она меня изведёт, - она припомнит мне это! Пропал я..."

Он посмотрел в окно - за стёклами трепетало и билось во тьме что-то бесформенное, испуганное; плакало, взвизгивая, хлесталось в стёкла, шаркалось о стены, прыгало по крыше.

Тихонько подползла, соблазняя, осторожная мысль:

"А если я скажу, что она старика удушила?"

Евсей испугался этого вопроса и долго не мог оттолкнуть его от себя.

"Она меня и так и этак погубит!" - отвечал он сам себе, а вопрос всё-таки неуклонно стоял перед ним и манил его куда-то.

Утром ему показалось, что Раиса забыла о печальном насилии ночи. Она лениво и равнодушно дала ему кофе, хлеба и, как всегда, полубольная с похмелья, ни словом, ни взглядом не намекнула о изменившемся отношении к нему.

Он пошёл на службу успокоенный и с того дня начал оставаться на вечерние занятия, а домой возвращался медленно, чтобы приходить позднее. Ему было трудно наедине с женщиной, он боялся говорить с нею, ожидая, что Раиса вспомнит ту ночь, когда она уничтожила хилое, но дорогое Евсею его чувство к ней.

Чаще других, вместе с ним, на вечерние занятия оставался в канцелярии Яков Зарубин и начальник Евсея - седоусый Капитон Иванович, которого за глаза все звали Дудкой.

Его бритое лицо было покрыто частой сетью мелких красных жилок, издали оно казалось румяным, а вблизи - иссечённым тонким прутом. Из-под седых бровей и устало опущенных век сердито блестели невесёлые глаза, говорил он ворчливо и непрерывно курил толстые, жёлтые папиросы, над большой, белой головой всегда плавало облако синеватого дыма, отмечая его среди других людей.

- Какой он важный! - сказал однажды Евсей Зарубину.

- Он - полоумный! - ответил чёрненький Яков. - Почти год в сумасшедшем доме сидел.

Евсей видел, что иногда Дудка вынимает из кармана своего длинного, серого пиджака маленькую чёрную книжечку, подносит её близко к лицу и что-то тихо ворчит, шевеля усами.

- Это у него молитвенник?

- Не знаю...

Смуглое лицо Зарубина судорожно дрогнуло, глазки вспыхнули, он покачнулся к Евсею и горячо прошептал:

- Ты к девицам ходишь?

- Нет...

- У! Идём со мной, - ладно? Можно - даром, только на пару пива надо иметь двадцать пять копеек. Если сказать, что мы из полицейского правления, - пустят даром и девиц даром дадут. Нас, полицейских чиновников, боятся!

И ещё более тихо, но с большим пылом и жадностью он продолжал:

- А какие есть девки! Толстые, тёплые, как пуховые перины. Это самое лучшее, девки, ей-богу!.. Другая ласкает, как родная мать.

- А у тебя есть мать?

- Есть. Только я живу у тётки. У меня мать - сволочь. На содержании у мясника живёт. Я к ней не хожу, мясник не велит. Один раз я пришёл, а он меня ка-ак хватит ногой в зад - у!

Маленькие, мышиные уши Зарубина вздрагивали, узкие глаза странно закатывались под лоб. Судорожным движением пальцев он щипал чёрный пух на верхней губе и весь трепетал от возбуждения.

- Ты почему тихий? Надо быть смелее, а то задавят тебя работой. Я тоже сначала боялся, так на мне все верхом ездили. Давай, будем товарищами на всю жизнь?

Он не нравился Евсею, возбуждая опасения своей вертлявостью, но Климков сказал:

- Давай.

- Руку! Вот и кончено. Завтра пойдём к девицам.

- Я не пойду...

Они не заметили, когда к ним подошёл Дудка и спросил ворчливым голосом:

- Ну, кто - кого?

- Мы не боремся! - хмуро и непочтительно сказал Зарубин.

- Врёшь! - сказал Дудка. - Ты, Климков, не поддавайся ему, слышишь?

- Слышу! - ответил Евсей, вставая перед ним.

И его потянуло к этому человеку чувство почтительного любопытства. Однажды он - по обыкновению неожиданно для себя - осмелился заговорить с Дудкой.

- Капитон Иванович...

- Что такое?

- Я хочу спросить вас, пожалуйста. Отчего люди так нехорошо живут?

Старик поднял тяжёлые веки и, посмотрев в лицо Климкова, сам спросил:

- А тебе какое дело?

Евсей смутился, вопрос старика встал перед ним во всей силе своей простоты.

- Ага! - тихонько сказал старик. Потом он нахмурился, вынул из кармана чёрную книжку и, стукая по ней пальцем, сказал:

- Евангелие! Читал?

- Да.

- Понял?

- Нет! - робко ответил Евсей.

- Читай ещё... - Двигая усами, старик спрятал книгу в карман. - Книга для детей, для чистых сердцем... Он ворчал ласково, Евсею хотелось ещё спрашивать его о чём-то, но вопросы не складывались, а старик закурил папиросу, окутался дымом и, должно быть, забыл о собеседнике. Климков осторожно отошёл прочь, его тяготение к Дудке усилилось, и он подумал:

"Хорошо бы мне сидеть поближе к нему..."

И это стало его мечтой. А Яков Зарубин мечтал так:

49

- Знаешь что, Климков, - говорил он горячим шёпотом, - давай, будем стараться попасть в политические сыщики? Вот бы зажили мы с тобой - у!

Евсей молчал - политические сыщики пугали его своими строгими глазами и тайной, окружавшей их тёмное дело.

VII

Доримедонт явился поздно ночью в изорванном платье, без шляпы и палки, с разбитым лицом, мокрый от крови. Его грузное тело тряслось, по распухшему лицу текли слёзы, он всхлипывал и глухо говорил:

- Надо уезжать в другой город...

Раиса молча отирала лицо его полотенцем, смоченным водкой и водой, он вздрагивал и стонал.

- Ти-ише... Звери, - как они били! Палками, а?

Евсей, снимая сапоги с ног сыщика, с удовольствием слушал его стоны, видел слёзы и кровь.

- Буду просить перевода в другой город. Убьют здесь...

- Я - не поеду! - сказала женщина необычно твёрдо.

- Молчать, - не раздражай больного! - плачущим голосом вскричал сыщик.

Утром, по каменному лицу Раисы и злому раздражению сыщика, Евсей понял, что эти люди не помирились. За ужином они снова начали спор, сыщик ругался, его распухшее, синее лицо было страшно, правая рука висела на перевязи, левой он грозно размахивал. Раиса, бледная и спокойная, выкатив круглые глаза, следила за взмахами его красной руки и говорила упрямо, кратко, почти одни и те же слова:

- Не поеду.

- Почему, н-ну?

- Не хочу...

- Нет, поедешь!

- Не поеду...

- Увидим! Ты - кто? Забыла?

- Все равно...

После ужина сыщик закутал лицо свое шарфом и куда-то ушёл, а Раиса послала Евсея за водкой; когда же он принёс ей бутылку столовой и другую какой-то тёмной наливки, - она налила в чайную чашку из обеих бутылок, высосала всю её и долго стояла, закрыв глаза, растирая горло ладонью. Потом спросила, кивнув головой на бутылку:

- Хочешь? Выпей, - всё равно - будешь пить!..

Евсей смотрел на её вялые губы, в потускневшие глаза и, вспоминая, какой она была ещё недавно, жалел её унылою жалостью.

- Эх, - задумчиво сказала она, - если б можно было прожить век с чистой совестью...

Губы у неё судорожно повело, она снова налила себе водки и предложила ему:

- Выпей!

Он отрицательно качнул головой.

- Трусишка. Плохо тебе жить, - это я понимаю, а зачем ты живёшь - не понимаю. Зачем?

- Так! - хмуро ответил Евсей. - А что же делать?

Она взглянула на него и ласково сказала:

- Я думаю - удавишься ты...

Евсей обиженно вздохнул и уселся на стуле покрепче.

Она прошлась по комнате, шагая лениво и неслышно, остановилась перед зеркалом и долго, не мигая, смотрела на своё лицо. Пощупала руками полную белую шею, - у неё вздрогнули плечи, руки грузно опустились, - и снова начала, покачивая бёдрами, ходить по комнате. Что-то запела, не открывая рта, - пение напоминало стон человека, у которого болят зубы.

На столе горела лампа, прикрытая зелёным абажуром, против окна, в пустом небе, блестел круглый шар луны, - он тоже казался зелёным, стоял неподвижно, как тени в комнате, и обещал недоброе...

- Я пойду спать! - сказал Евсей, вставая со стула. Она не ответила и не взглянула на него. Тогда он шагнул к двери, повторил тише:

- Я пойду спать...

- Разве тебя держат? Иди...

Евсей понимал, что ей тошно, ему хотелось сказать что-нибудь. Остановясь в двери, он спросил:

- Вам ничего не нужно?

Взглянув в лицо его мутными глазами, она тихонько ответила:

- Пойди ты к чёрту...

Ночью Климкова грубо разбудил сыщик.

- Где Раиса? Не знаешь? Дурак!

Он ушёл в комнату, потом высунул голову из двери и строго спросил:

- Что она делала?

- Ничего...

- А водку пила?

- Да...

- Свинья...

Сыщик дёрнул себя за ухо и исчез.

Задребезжала лампа. Сыщик выругался, потом начал зажигать спички, они вспыхивали, пугая темноту, и гасли; наконец из комнаты к постели Евсея протянулся бледный луч света, он вздрагивал пугливо и точно искал чего-то в тесной прихожей...

Снова вышел Доримедонт. Один глаз у него был закрыт опухолью, другой, светлый и беспокойный, быстро осмотрел стены и остановился на лице Евсея.

- Она ничего не говорила, Раиса?

- Ничего...

Евсей приподнялся на постели.

- Лежи, лежи! - сказал Доримедонт и сел в ногах Евсея. - Будь ты годом старше, - необычно ласково, шёпотом начал он, - я бы устроил тебя в охране по политическим делам. Это очень хорошая служба! Жалование - небольшое, но за успехи - награда... А ведь Раиса - красивая баба?

- Красивая, - согласился Евсей.

Сыщик странно усмехнулся, потрогал левой рукой повязку на голове, пощупал ухо.

- Женщина, - никогда ею сыт не будешь. Прародительница соблазна и греха. Куда она ушла?..

- Не знаю я, - тихо ответил Евсей, начиная чего-то бояться.

- Любовника у неё нет... Ты, Евсей, с женщинами не торопись! Они дорого стоят.

Тяжёлый, грузный, обвязанный тряпками, он качался перед глазами Евсея и, казалось, был готов развалиться на части. Его тупой голос звучал беспокойно, левая рука щупала голову, грудь.

- Много я путался с ними! - говорил он, подозрительно оглядывая тёмные углы комнаты. - Беспокойно это, а - лучше нет ничего. Иные говорят - карты лучше, а тоже без женщин не могут жить. И охота не сохраняет от женщин, ничто не сохраняет от них!

Утром Климков увидал, что сыщик спит на диване одетый, лампа не погашена, комната полна копотью и запахом керосина. Доримедонт храпел, широко открыв большой рот, его здоровая рука свесилась на пол, он был отвратителен и жалок.

Светало, в окно смотрел бледный кусок неба, в комнате просыпались мухи и жужжали, мелькая на сером фоне окна. Вместе с запахом керосина квартиру наполнял ещё какой-то запах, густой и тревожный.

Погасив лампу, Евсей почему-то очень спешно умылся, оделся и ушёл на службу.

Там, около полудня, Зарубин громко закричал ему:

- Климков, Фиалковская Раиса - это любовница Лукина, твоего хозяина?

52

- А что? - быстро спросил Евсей.

- Зарезалась!

Евсей поднялся на ноги, уколотый в спину острым ударом страха.

- Сейчас нашли её в чулане - идём смотреть...

- Я не пойду! - сказал Евсей, опускаясь на свой стул. Зарубин убежал, попутно сообщая канцеляристам:

- Я же говорил - любовница Лукина!

Слово любовница он выкрикивал особенно громко, со смаком. Евсей смотрел вслед ему, вытаращив глаза, а перед ним качалась в воздухе голова Раисы, и с неё ручьями лились тяжёлые пышные волосы.

- Ты что не идёшь обедать? - спросил его Дудка.

В канцелярии почти никого не было. Евсей вздохнул и ответил:

- Хозяйка зарезалась.

- Ага, - да! Ну, иди в трактир...

Дудка шагнул в сторону, Евсей вскочил и схватил его за рукав.

- Возьмите меня...

- Куда?

- Совсем возьмите... - Дудка наклонился к нему.

- Что значит - совсем?

- К вам, - жить с вами, - навсегда...

- Идём обедать!

В трактире всё время пронзительно свистела канарейка, старик молча ел жареный картофель, а Евсей не мог есть и ожидающе, вопросительно смотрел в лицо ему.

- Так тебе хочется жить со мной? Ну, живи...

Когда Евсей услыхал эти слова, он сразу почувствовал, что они как бы отгородили его от страшной жизни. Ободрившийся, он благодарно сказал:

- Я вам буду сапоги чистить...

Дудка высунул из-под стола длинную ногу в рваном сапоге, посмотрел на него и сказал:

- Этого не нужно. А что хозяйка - хорошая была женщина?

Глаза старика смотрели ласково и как будто просили: "Скажи правду..."

- Не знаю я... - опустив голову, сказал Евсей и впервые почувствовал, что слишком часто говорит эти слова.

- Так, - молвил Дудка, - так!

- Ничего я не знаю! - заговорил Евсей, ощущая обидное недовольство собою, и вдруг осмелел. - Вижу то и это, - а что для чего - не могу понять. Должна быть другая жизнь...

- Другая? - повторил Дудка, прищурив глаза. - Да. Так нельзя...

Дудка тихонько засмеялся, потом постучал ножом о стол и крикнул половому:

- Бутылку пива! - Значит - так нельзя? Любопытно.

Дудка начал молча пить пиво.

Когда они воротились в правление, Евсея встретил Доримедонт. Его повязки растрепались, глаз налился кровью, он быстро подошёл к Евсею и таинственно спросил его:

- Раиса-то, - слышал?.. Это от пьянства, - ей-богу!

- Я туда не пойду! - сказал Евсей. - С Капитоном Ивановичем буду жить...

Доримедонт вдруг засуетился, оглядываясь, зашептал:

- Смотри - он не в своем уме; его здесь держат из жалости. Он даже вредный человек, - будь осторожен с ним!

Евсей ожидал, что сыщик будет ругать его, был удивлён его шёпотом и внимательно слушал.

- Я из этого города уезжаю, - прощай!.. Я скажу про тебя своему начальнику, и когда ему понадобится новый человек - тебя вспомнят, будь покоен!

Он шептал долго, торопливо, а его глаз все время подозрительно бегал по сторонам, и, когда отворялась дверь, сыщик подскакивал на стуле, точно собираясь убежать. От него пахло какой-то мазью; казалось, что он стал менее грузен, ниже ростом и потерял свою важность.

- Прощай! - говорил он, положив руку на плечо Евсея. - Живи осторожно. Людям не верь, женщинам - того больше. Деньгам цену знай. Серебром - купи, золото - копи, меди - не гнушайся, железом - обороняйся, есть такая казацкая поговорка. Я ведь казак, н-на...

Евсею было тяжело и скучно слушать его, он не верил ни одному слову сыщика и, как всегда, боялся его. Когда он ушёл - стало легче, и Климков усердно принялся за работу, стараясь спрятаться в ней от воспоминаний о Раисе и всех дум.

В нём что-то повернулось, пошевелилось в этот день, он чувствовал себя накануне иной жизни и следил искоса за Дудкой, согнувшимся над своим столом в облаке серого дыма. И, не желая, думал:

"Как всё делается, - сразу! Вот - зарезалась..."

Вечером он шёл по улице рядом с Дудкой и видел, что почти все люди замечают старика, иногда даже останавливаются, осматривая его.

Дудка шагал не быстро, но широко, на ходу его тело качалось, наклоняясь вперёд, и голова тоже кланялась, точно у журавля. Он согнулся, положил руки за спину, полы его пиджака разошлись и болтались по бокам, точно сломанные крылья.

В глазах Климкова внимание людей к старику ещё более выделяло его на особое место.

- Как тебя зовут?

- Евсей...

- Иоанн - хорошее имя! - заметил старик, поправляя длинной рукой свою измятую шляпу. - У меня был сын - Иоанн...

- А где он?

- Это тебя не касается, - спокойно ответил старик. А через несколько шагов добавил тем же тоном: - Если говорят - был, значит - нет! Уже нет...

Оттопырил нижнюю губу, почесал её мизинцем и негромко проговорил:

- Увидим, кто - кого...

Потом повернул шею на сторону, наклонил голову и, поглядывая в глаза Климкова, внушительно сказал, вытянув палец в воздухе перед собой:

- Сегодня придёт ко мне один приятель, - у меня есть приятель, - один! Что мы говорим, что делаем - это тебя не касается. Что ты знаешь - я не знаю, и что ты делаешь - не хочу знать. Так же и ты. Непременно...

Евсей молча кивнул головой.

- Этому следуй вообще, - ко всем людям применяй. О тебе никто ничего не знает - и ты ничего не знаешь о других. Путь гибели человеческой знание, посеянное дьяволом. Счастие - неведение. Ясно.

Евсей внимательно слушал, заглядывая в лицо ему; старик, заметив это, проворчал:

- В тебе есть - я замечаю - человеческое...

И прибавил:

- Что-то человеческое есть также и у собак...

По узкой деревянной лестнице они влезли на душный чердак, где было темно и пахло пылью. Дудка дал Евсею спички и велел посветить ему, потом, согнувшись почти вдвое, долго отпирал дверь, обитую рваной клеёнкой и растрёпанным войлоком. Евсей светил, спички жгли ему кожу пальцев.

Старик жил в длинной и узкой белой комнате, с потолком, подобным крышке гроба. Против двери тускло светилось широкое окно, в левом углу у входа маленькая печь, по стене налево вытянулась кровать, против неё растопырился продавленный рыжий диван. Крепко пахло камфорой и сухими травами.

Старик открыл окно и шумно вздохнул.

- Хорошо, когда воздух чистый! - сказал он. - Спать ты будешь на диване. Как твоё имя - Алексей?

- Евсей...

Он взял лампу со стола, поднял её и указал пальцем на стену.

- Вот сын мой - Иоанн...

В узкой белой рамке, незаметной на стене, висел портрет, сделанный тонкими штрихами карандаша, - юное лицо с большим лбом, острым носом и упрямо сжатыми губами.

Лампа в руке старика дрожала, абажур стучал о стекло, наполняя комнату тихим, плачущим звоном.

- Иоанн! - повторил старик, ставя лампу на стол. - Имя человека много значит...

Он высунул голову в окно, с шумом потянул в себя холодный воздух и, не оборачиваясь к Евсею, приказал ему поставить самовар.

Пришёл горбатый человек, молча снял соломенную шляпу и, помахивая ею в лицо себе, сказал красивым грудным голосом:

- Душно, хотя уже осень...

- Ага, пришёл! - отозвался Дудка. Стоя у окна, они тихо заговорили. Евсей понял, что говорят о нём, но не мог ничего разобрать. Сели за стол, Дудка стал наливать чай, Евсей исподволь и незаметно рассматривал гостя лицо у него было тоже бритое, синее, с огромным ртом и тонкими губами. Тёмные глаза завалились в ямы под высоким гладким лбом, голова, до макушки лысая, была углова и велика. Он всё время тихонько барабанил по столу длинными пальцами.

- Ну, читай! - сказал Дудка.

Горбатый вынул из кармана пиджака пачку бумаги, развернул.

- Титулы я пропущу...

Кашлянул и, полузакрыв глаза, начал читать:

- "Мы, нижеподписавшиеся, люди никому неведомые и уже пришедшие в возраст, ныне рабски припадаем к стопам вашим с таковою горестною жалобой, изливаемой нами из глубин наших сердец, разбитых жизнью, но не потерявших святой веры в милосердие и мудрость вашего величества..." Хорошо?

- Продолжай! - сказал Дудка.

- "Для нас вы есть отец народа русского, источник благой мудрости и единственная на земле сила, способная..."

- Лучше - могущественная, - заметил Дудка.

- Подожди!.. "способная водворить и укрепить в России справедливость"... - здесь нужно поставить, для стройности, ещё какое-то слово, не знаю какое...

- Осторожнее со словами! - сказал Дудка строго, но негромко. - Помни, в них, для каждого человека, особый смысл.

Горбатый взглянул на него, поправил очки.

- Да... "Распадается великая Россия, творится в ней неподобное, совершается ужасное, подавлены люди скорбью бедности и нищеты, извращаются сердца завистью, погибает терпеливый и кроткий человек

56

русский, нарождается лютое жадностью бессердечное племя людей-волков, людей-хищников и жестоких. Разрушена вера, ныне мятутся народы вне её священной крепости, и отовсюду на беззащитных устремляются люди развращённого ума, пленяют их своей дьявольской хитростью и влекут на путь преступлений против всех законов твоих, владыко жизни нашей..."

- Владыко - это архиерей! - пробормотал Дудка. - Надо как-то иначе. И надо сказать прямо: начинается в людях всеобщее возмущение жизнью, а потому ты, который призван богом...

Горбатый отрицательно покачал головой.

- Мы можем указать, но не имеем права советовать...

- Кто есть враг наш, и какое имя его? Атеист, социалист, революционер - тройное имя. Разрушитель семьи, похищающий детей наших, провозвестник антихриста...

- Мы с тобой в антихриста не верим... - тихо сказал горбатый.

- Всё равно! Мы говорим от множества людей - они верят в антихриста... Мы должны указать корень зла. Где видим его? В проповеди разрушения...

- Он это сам знает...

- Кто скажет правду ему? У него детей не захлестывало петлёй безумия... На чём строится проповедь их? На всеобщей бедности и озлобленности против неё. И мы должны сказать ему прямо: "Ты отец народа, и ты - богат, отдай же народу твоему богатства, накопленные тобою, - этим ты подсечёшь корень зла, и всё будет спасено твоею рукою..."

Горбатый растянул рот в большую узкую щель и сказал:

- За это нас в каторгу.

Потом взглянул в лицо Евсея и на хозяина.

Климков слушал чтение и беседу, как сказку, и чувствовал, что слова входят в голову ему и навсегда вклеиваются в памяти. Полуоткрыв рот, он смотрел выкатившимися глазами то на одного, то на другого, и, даже когда тёмный взгляд горбатого ощупал его лицо, он не мигнул, очарованный происходившим.

- Однако, - сказал горбатый, - это неудобно...

- Ты что, Климков? - хмуро спросил Дудка.

У Евсея пересохло в горле, он не сразу ответил:

- Слушаю...

И вдруг понял по лицам их, что они не верят ему, боятся его. Он поднялся со стула и заговорил, путаясь в словах:

- Я - никому не скажу!.. Позвольте слушать, я ведь говорил вам, Капитон Иванович, что всё нужно устроить как-нибудь иначе...

- Видишь? - сердито молвил Дудка, указывая пальцем на Евсея. - Вот что это такое? Мальчишка, а... однако тоже говорит - нужна иная жизнь... Вот откуда берут силу те!..

- Ну да... - согласился горбатый.

Евсей оробел. Дудка, строго двигая бровями, заговорил, наклонясь к нему:

- Чтобы ты знал, - мы с ним пишем письмо государю, просим его принять строжайшие меры против состоящих под надзором за политическую неблагонадёжность, понимаешь?

- Понимаю, - ответил Климков.

- Эти люди, - медленно и вразумительно начал горбатый, - агенты иностранных государств, главным образом - Англии, они получают огромное жалованье за то, чтоб бунтовать русский народ и ослаблять силу нашего государства. Англичанам это нужно для того, чтобы мы не отобрали у них Индию...

Они говорили Евсею поочерёдно - один кончит, начнёт другой, а он слушал и старался запомнить их мудрёные речи и точно пьянел от непривычной работы мозга. Ему казалось, что он сейчас поймёт что-то огромное, освещающее всю жизнь, всех людей, все их несчастия. Было невыразимо приятно сознавать, что двое умных людей говорят с ним, как со взрослым; властно охватило чувство благодарности и уважения к этим людям, бедным, плохо одетым и так озабоченно рассуждавшим об устройстве иной жизни. Но скоро голова у него отяжелела, точно налилась свинцом, и, подавленный ощущением тягостной полноты в груди, он невольно закрыл глаза.

- Иди, спи! - сказал Дудка.

Климков покорно встал, осторожно разделся и лёг на диван.

Осенняя ночь дышала в окно тёплой и душистой сыростью, в чёрном небе трепетали, улетая всё выше и выше, тысячи ярких звёзд, огонь лампы вздрагивал и тоже рвался вверх. Двое людей, наклонясь друг к другу, важно и тихо говорили. Всё вокруг было таинственно, жутко и приятно поднимало куда-то к новому, хорошему.

VIII

Уже через несколько дней жизни с Капитоном Ивановичем Климков ощутил в себе нечто значительное. Раньше, обращаясь к полицейским солдатам, которые прислуживали в канцелярии, он говорил с ними тихо и почтительно, а теперь строгим голосом подзывал к себе старика Бутенко и сердито говорил:

- Опять в чернильнице у меня мухи!

Седой, увешанный крестами и медалями солдат равнодушно и многословно объяснял:

- Чернильниц всего тридцать четыре, а мух - тысячи, они хотят пить и лезут в чернила. Что ж им делать?

В уборной перед зеркалом он внимательно рассматривал своё серое лицо, угловатое, с острым маленьким носом и тонкими губами, искал на верхней губе признака усов, смотрел в свои водянистые, неуверенные глаза.

"Надо остричься! - решил он, когда ему не удалось пригладить светлые, жидкие вихры волос на голове. - И надо носить крахмальные воротники, а то у меня шея тонка".

Вечером он остригся, купил два воротничка и почувствовал себя ещё более человеком.

Дудка относился к нему внимательно и добродушно, но часто в его глазах блестела насмешливая улыбка, вызывая у Климкова смущение и робость. Когда приходил горбатый, лицо старика становилось озабоченным, голос звучал строго, и почти на все речи друга он отрывисто возражал:

- Не то. Не так. У тебя ум - как плохое ружьё, - разносит мысли по сторонам, а надо стрелять так, чтобы весь заряд лёг в цель, кучно.

Горбатый, покачивая тяжёлой головою, отвечал:

- Хорошо - скоро не делается...

- Время идёт - враг растёт...

- Между прочим, я заметил человека, - сказал однажды горбатый, недалеко от меня поселился. Высокий, с острой бородкой, глаза прищурены, ходит быстро. Спрашиваю дворника - где служит? Место искать приехал. Я сейчас же написал письмо в охранное - смотрите!..

Дудка прервал его речь, широким взмахом руки рассекая воздух.

- Это неважно! В доме - сыро, вот почему мокрицы. Так их не переведёшь, надо высушить дом... - Я - солдат, - говорил он, тыкая пальцем в грудь себе, - я командовал ротой и понимаю строй жизни. Нужно, чтобы все твёрдо знали устав, законы, - это даёт единодушие. Что мешает знать законы? Бедность. Глупость - это уже от бедности. Почему он не борется против нищеты? В ней корни безумия человеческого и вражды против него, государя...

Евсей жадно глотал слова старика и верил ему: корень всех несчастий жизни человеческой - нищета. Это ясно. От неё - зависть, злоба, жестокость, от неё жадность и общий всем людям страх жизни, боязнь друг друга. План Дудки был прост и мудр: царь - богат, народ - беден, пусть же царь отдаст народу свои богатства, и тогда - все будут сытыми и добрыми!

Отношение Климкова к людям изменялось; оставаясь таким же угодливым, как и прежде, теперь он начинал смотреть на всех снисходительно, глазами человека, который понял тайну жизни, может указать, где лежит дорога к миру и покою...

И, чувствуя необходимость похвастаться своим знанием, - однажды, обедая в трактире с Яковом Зарубиным, он с гордостью изложил ему всё, что слышал от старика и его горбатого друга.

Узкие глазки Зарубина вспыхнули, он весь завертелся, растрепал себе волосы, запустил в них пальцы обеих рук м вполголоса воскликнул:

- Это верно, ей-богу! Какого чёрта, в самом деле? У него - тысячи миллионов, а мы тут издыхаем. Кто это тебя научил?

- Никто! - твёрдо сказал Евсей. - Это я сам придумал.

- Нет, ты скажи по правде! Где слышал?

- Говорю - сам я додумался...

Яков с удовольствием оглянул его.

- Если так - голова у тебя неплохая. Только - врёшь ты!

Евсей обиделся.

- Мне всё равно - не верь.

Яков почему-то захохотал, крепко потирая руки. Через два дня к столу Евсея подошёл помощник пристава и какой-то сероглазый господин с круглой, гладко остриженной головой и скучным, жёлтым лицом.

- Ты, Климков, отправляешься в охранное отделение! - проговорил полицейский негромко и зловеще.

Евсей поднялся со стула, ноги у него задрожали, и он снова сел. Стриженый выдвинул ящик его стола и забрал все бумаги.

Расслабленный, ничего не понимая, Климков очнулся в полутёмной комнате, у стола, покрытого зелёным сукном. В груди у него поднималась и опускалась волна страха, под ногами зыбко качался пол, стены комнаты, наполненной зелёным сумраком, плавно кружились. Над столом возвышалось чьё-то белое лицо в раме густой, чёрной бороды, блестели синие очки. Евсей неотрывно смотрел прямо в стёкла, в синюю, бездонную темноту, она влекла к себе и, казалось, высасывала кровь из его жил. Он рассказал о Дудке и его горбатом друге, подробно, связно, точно снимая со своего сердца плёнку кожи.

Высокий, режущий ухо голос прервал его:

- Итак - во всём виноват государь император, говорят эти ослы?

Человек в синих очках не спеша протянул руку, взял трубку телефона и спросил насмешливо:

- Белкин, - вы? Да... Распорядитесь, дорогой, сегодня же вечером обыскать и арестовать двух прохвостов: канцеляриста полицейского правления Капитона Реусова и чиновника казённой палаты Антона Дрягина... Ну да, конечно...

Евсей схватился рукою за край стола.

- Так! - сказал человек с чёрной бородой, откинулся на спинку кресла, расправил бороду обеими руками, поиграл карандашом, бросил его на стол и сунул руки в карманы брюк. Мучительно долго молчал, потом раздельно и строго спросил:

- Что же мне делать с тобой?

- Простите! - шёпотом попросил Евсей.

- Климков? - не отвечая, молвил чёрный. - Фамилию я как будто слышал...

- Простите... - повторил Евсей.

- А ты чувствуешь себя сильно виноватым?

- Сильно...

- Это - хорошо. В чём же ты виноват?

Климков молчал. Чёрный человек сидел так удобно и спокойно, что, казалось, он никогда уже не отпустит Евсея из этой комнаты.

- Не знаешь? - спросил он и предложил: - Подумай...

Тогда Климков набрал в грудь побольше воздуха и начал рассказывать о Раисе и о том, как она задушила старика.

- Лукин? - равнодушно зевнув, сказал человек в синих очках. - Ага, вот почему мне знакома твоя фамилия!

Он встал, подошёл к Евсею, поднял пальцем его подбородок, несколько секунд смотрел в лицо и затем позвонил.

Тяжело топая, в двери явился большой рябой парень, с огромными кистями рук; растопырив красные пальцы, он страшно шевелил ими и смотрел на Евсея.

- Возьми его!

Климков хотел встать на колени, - он уже согнул ноги, - но парень подхватил его под мышку и потащил с собой куда-то вниз по каменной лестнице.

- Что, блудня, испугался? - сказал он, вталкивая Евсея в маленькую дверь. - Ни кожи, ни рожи, а бунтуешь?

Его слова окончательно раздавили Евсея.

Услыхав за дверью тяжёлый грохот железа, он сел на пол, обнял руками колени и опустил голову. На него навалилась тишина, и ему показалось, что он сейчас умрёт. Он вскочил с пола и, точно мышь, тихо забегал по комнате, взмахивая руками. Ощупал койку, накрытую жёстким одеялом, подбежал к двери, потрогал её, заметил на стене против двери маленькое квадратное окно и бросился к нему. Оно было ниже земли, в яме, покрытой сверху толстой железной решёткой, сквозь неё падали хлопья снега и ползли по грязному стеклу. Климков бесшумно воротился к двери, упёрся в неё лбом и в тоске зашептал:

- Простите... выпустите...

Потом снова опустился на пол, сознание его погасло, залитое волною отчаяния.

...Убивая разъедающей слабостью, медленно потянулись чёрные и серые полосы дней, ночей; они ползли в немой тишине, были наполнены зловещими предчувствиями, и ничто не говорило о том, когда они кончат своё мучительное, медленное течение. В душе Евсея всё затихло, оцепенело, он не мог думать, а когда ходил, то старался, чтобы шаги его были не слышны.

На десятый день его снова поставили перед человеком в синих очках и другим, который привёз его сюда.

- Нехорошо там, Климков, а? - спрашивал его чёрный человек, чмокая толстой, красной нижней губой. Его высокий голос странно хлюпал, как будто этот человек внутренне смеялся. В синих стёклах очков отражался электрический свет, от них в пустую грудь Евсея падали властные лучи и наполняли его рабской готовностью сделать всё, что надо, чтобы скорее пройти сквозь эти вязкие дни, засасывающие во тьму, грозящую безумием.

- Отпустите меня! - тихо попросил он.

- Да, я это сделаю. И - больше! Я возьму тебя на службу, и теперь ты сам будешь сажать людей туда, откуда вышел, - и туда и в другие уютные комнатки.

Он засмеялся, шлёпая губой.

- За тебя просил покойник Лукин, и в память о его честной службе я тебе даю место. Ты получишь двадцать пять рублей в месяц, пока...

Евсей молча кланялся.

- Пётр Петрович будет твоим начальником и учителем, ты должен исполнять всё, что он тебе прикажет... Понял?! - Он будет жить с вами?

- Да! - неожиданно громко сказал сероглазый человек.

- Хорошо.

И снова, обращаясь к Евсею, чёрный начал говорить ему смягчённым голосом что-то утешительное, обещающее, а Евсей старался проглотить его слова и, не мигая, следил за тяжёлыми движениями красной губы под усами...

- Помни, ты теперь будешь охранять священную особу государя от покушений на жизнь его и на божественную власть. Понял?!

- Покорно благодарю! - тихо сказал Евсей.

Пётр Петрович дёрнул головой кверху.

- Я всё объясню ему... мне пора идти...

- Идите! Ну, ступай, Климков... Служи хорошо, и будешь доволен. Но не забывай однако, что ты принимал участие в убийстве букиниста Распопова, ты сам сознался в этом, а я записал твоё показание - понимаешь?

Филипп Филиппович кивнул головой, его неподвижная, точно вырезанная из дерева, борода покачнулась, и он протянул Евсею белую пухлую руку с золотыми кольцами на коротких пальцах. Евсей закрыл глаза и отшатнулся.

- Какой ты, брат, трусишка! - тонко вскричал Филипп Филиппович, смеясь стеклянным смешком. - Теперь тебе нечего и некого бояться, ты теперь слуга царя и должен быть спокоен. Теперь ты на твёрдой почве - понимаешь?

Когда Евсей вышел на улицу, у него захватило дыхание, он пошатнулся и едва не упал. Пётр поднял воротник пальто, оглянулся, движением руки позвал извозчика и негромко сказал:

- Поезжай ко мне...

Евсей сбоку взглянул на него и едва не крикнул - на гладком, бритом лице Петра вдруг выросли небольшие светлые усы.

- Ну, чего разинул рот? - хмуро и недовольно спросил он, заметив удивление Климкова. Евсей опустил голову, стараясь против своего желания не смотреть в лицо нового хозяина своей судьбы.

А тот всё время молча высчитывал что-то на пальцах, пригибая их один за другим, хмурил брови, покусывая губы, и изредка сердито говорил извозчику:

- Ну, скорее...

Шёл дождь и снег, было холодно, Евсею казалось, что экипаж всё время быстро катится с крутой горы в чёрный, грязный овраг. Остановились у большого дома в три этажа. Среди трёх рядов слепых и тёмных окон сверкало несколько стёкол, освещённых изнутри жёлтым огнём. С крыши, всхлипывая, лились ручьи воды.

- Иди вверх! - командовал Пётр. Он уже снова был без усов.

Поднялись по лестнице, долго шли длинным коридором мимо белых дверей. Евсей подумал, что это тюрьма, но его успокоил густой запах жареного лука и ваксы, не сливавшийся с представлением о тюрьме.

Пётр торопливо открыл одну из белых дверей, осветил комнату огнём двух электрических ламп, пристально посмотрел во все углы и, раздеваясь, заговорил сухо и быстро:

- Будут тебя спрашивать, кто ты, отвечай - мой двоюродный брат, приехал из Царского Села искать себе места, - смотри, не проврись!

Лицо у него было озабоченное, глаза невесёлые, речь отрывистая, тонкие губы всё время кривились, вздрагивали. Он позвонил, открыл дверь, высунул в коридор голову и крикнул:

- Самовар!

Евсей уныло оглядывался, стоя в углу комнаты, и тупо ждал чего-то.

- Раздевайся, садись. Жить будешь в соседней комнате, - говорил сыщик, поспешно раздвигая карточный стол. Вынул из кармана записную книжку, игру карт и, сдавая их на четыре руки, продолжал, не глядя на Климкова:

- Ты, конечно, понимаешь, что наше дело тайное. Мы должны скрываться, а то убьют, как вот Лукина убили...

- Его убили? - тихонько спросил Евсей.

- Ну да, - безучастно сказал Пётр.

Потирая лоб, он рассматривал сданные карты.

- Сдача - тысяча двести четырнадцатая... У меня - туз, семёрка червей, дама треф...

Он что-то записал в книжку и, не поднимая головы, продолжал, говоря двумя голосами - невнятно и озабоченно, когда считал карты, сухо, ясно и торопливо, когда поучал Евсея.

- Революционеры - враги царя и бога. Десятка бубен, тройка, валет пик. Они подкуплены немцами для того, чтобы разорить Россию... Мы, русские, стали всё делать сами, а немцам... Король, пятёрка и девятка, - чёрт возьми! Шестнадцатое совпадение!..

Он вдруг повеселел, глаза у него блеснули и на лице отразилось что-то мягкое, довольное.

- Что я говорил? - спросил он Евсея, взглянув на него.

- О немцах...

- Немцы - жадные. Они враги русского народа, хотят нас завоевать, хотят, чтобы мы всё - всякий товар - покупали у них и отдавали им наш хлеб - у немцев нет хлеба... дама бубен, - хорошо! Двойка червей, десятка треф... Десятка?..

Прищурив глаза, он посмотрел в потолок, вздохнул и смешал карты.

- Вообще, все иностранцы, завидуя богатству и силе России... двести пятнадцатая сдача... хотят сделать у нас бунт, свергнуть царя и... три туза... гм?.. И посадить везде своё начальство, своих правителей над нами, чтобы грабить нас и разорять... Ты ведь этого не хочешь?

- Не хочу! - сказал Евсей, ничего не понимая и тупо следя за быстрыми движениями его пальцев.

- Этого никто не хочет! - задумчиво проговорил Пётр, снова раскинув карты и озабоченно поглаживая щёку. - Потому ты должен бороться с революционерами - агентами иностранцев, - защищая свободу России, власть и жизнь государя, - вот и всё. А как это надо делать - увидишь

64

потом... Только не зевай, учись исполнять, что тебе велят... Наш брат должен смотреть и лбом и затылком... а то получишь по хорошему щелчку и спереди и сзади... Туз пик, семь бубен, десять пик...

В дверь постучали.

- Отопри! - приказал Пётр.

Вошёл рыжий кудрявый парень с подносом и самоваром.

- Иван, это мой двоюродный брат, он будет жить здесь, приготовь соседний номер...

- Господин Чижов приходили, - негромко сказал Иван.

- Выпивши?

- Немножко есть... Хотели зайти.

- Завари чай, Евсей! - сказал сыщик, когда слуга ушёл. - Наливай, пей... Сколько жалованья ты получал в полицейском правлении?

- Девять рублей...

- Денег нет?

- Нет...

- Надо достать и сшить тебе костюм, нельзя долго ходить в одном... Ты должен всех замечать, тебя никто...

Он снова забормотал, считая карты, а Евсей, бесшумно наливая чай, старался овладеть странными впечатлениями дня и не мог, чувствуя себя больным. Его знобило, руки дрожали, хотелось лечь в угол, закрыть глаза и лежать так долго, неподвижно. В голове бессвязно повторялись чужие слова.

"В чём же ты виноват?" - тонко спрашивал Филипп Филиппович.

Кто-то сильно ударил в дверь из коридора. Пётр поднял голову.

- Это ты, Саша?

За дверью сердито ответили:

- Ну, отпирай!

Когда Евсей открыл дверь, перед ним, покачиваясь на длинных ногах, вытянулся высокий человек с чёрными усами. Концы их опустились к подбородку и, должно быть, волосы были жёсткие, каждый торчал отдельно. Он снял шапку, обнажив лысый череп, бросил её на постель и крепко вытер ладонями лицо.

- Шапка - мокрая, а ты её бросаешь на постель мне! - заметил Пётр.

- А чёрт с ней, твоей постелью! - гнусаво сказал гость.

- Евсей, повесь пальто...

Гость сел на стул, вытянул длинные ноги и, закурив папиросу, спросил:

- Это что такое, - Евсей?

- Мой двоюродный брат.

- Мы все братья, когда без платья. Водка есть?

65

Пётр приказал Климкову спросить бутылку водки и закуску. Евсей сделал это и сел к столу так, чтобы гость не видел из-за самовара его лица.

- Как дела, шулер? - спросил он, кивая головой на карты.

Пётр вдруг привстал со стула и оживлённо заговорил:

- Я нашёл секрет, нашёл!

- Нашёл? - спросил гость и, покачав головой, медленно протянул: Ду-урак!

Пётр схватил записную книжку и горячим шёпотом продолжал, тыкая пальцем:

- Подожди, Саша!.. У меня уже шестнадцатое совпадение, понимаешь? А я сделал всего тысячу двести четырнадцать сдач. Теперь карты повторяются всё чаще. Нужно сделать две тысячи семьсот четыре сдачи, - понимаешь: пятьдесят два, умноженное на пятьдесят два. Потом все сдачи переделать тринадцать раз - по числу карт в каждой масти - тридцать пять тысяч сто пятьдесят два раза. И повторить эти сдачи четыре раза - по числу мастей - сто сорок тысяч шестьсот восемь раз.

- Э-э, дурак! - протянул гнусаво гость, качая головой, и его губы искривились.

- Почему, Саша, почему, объясни? - негромко вскричал Пётр. - Ведь я тогда буду знать все сдачи, какие возможны в игре, - подумай! Взгляну на свои карты, - приблизил книжку к лицу и начал быстро читать, - туз пик, семёрка бубен, десятка треф - значит, у партнёров: у одного - король червей, пятёрка и девятка бубен, у другого - туз, семёрка червей, дама треф, третий имеет даму бубен, двойку червей и десятку треф!

Руки у него тряслись, на висках блестел пот, лицо стало добрым и ласковым. Климков, наблюдая из-за самовара, видел большие, тусклые глаза Саши с красными жилками на белках, крупный, точно распухший нос и на жёлтой коже лба сеть прыщей, раскинутых венчиком от виска к виску. От него шёл резкий, неприятный запах. Пётр, прижав книжку к груди и махая рукой в воздухе, с восторгом шептал:

- Ведь я тогда без промаха буду играть. Сотни тысяч, миллионы улыбнутся мне! И нет в этом шулерства! Я - знаю! Знаю, и - больше ничего! Всё законно!..

Он так крепко ударил себя в грудь кулаком, что закашлялся, а потом, опустившись на стул, стал тихо смеяться.

- Почему не дают водки? - угрюмо спросил Саша, бросая на пол окурок папиросы.

- Евсей, иди, скажи... - торопливо начал Пётр, но уже в дверь постучали.

- Ты опять пьёшь? - спросил Пётр, улыбаясь.

Саша протянул руку к бутылке.

- Нет, ещё не пью, а вот сейчас - начну пить.

- Ведь это вредно при твоей болезни...

- Водка и здоровым вредна, - водка и фантазии. Ты, например, скоро будешь идиотом...

- Не буду, не беспокойся...

- Я математику знаю, я вижу, что ты болван.

- У каждого своя математика! - недовольно ответил Пётр.

- Молчи! - сказал Саша, медленно высосал рюмку, понюхал кусок хлеба и налил другую.

- Сегодня я, - начал он, опустив голову и упираясь согнутыми руками в колени, - ещё раз говорил с генералом. Предлагаю ему - дайте средства, я подыщу людей, открою литературный клуб и выловлю вам самых лучших мерзавцев, - всех. Надул щёки, выпучил свой животище и заявил, скотина, мне, дескать, лучше известно, что и как надо делать. Ему всё известно! А что его любовница перед фон-Рутценом голая танцевала, этого он не знает, и что дочь устроила себе выкидыш - тоже не знает...

Он снова высосал водку и ещё налил.

- Всё сволочь, и жить - нельзя. Моисей велел зарезать двадцать три тысячи сифилитиков. Тогда народу было немного, заметь! Если бы у меня была власть - я бы уничтожил миллионы...

- Себя первого? - спросил Петр, улыбаясь.

Саша, не отвечая, гнусил, точно в бреду:

- Всех этих либералов, генералов, революционеров, распутных баб. Большой костёр, и - жечь! Напоить землю кровью, удобрить её пеплом, и будут урожаи. Сытые мужики выберут себе сытое начальство... Человек - животное и нуждается в тучных пастбищах, плодородных полях. Города - уничтожить... И всё лишнее, - всё, что мешает мне жить просто, как живут козлы, петухи, всё - к дьяволу!

Его липкие, зловонно пахучие слова точно присасывались к сердцу Евсея и оклеивали его - слушать их было тяжело и опасно.

"Вдруг позовут и спросят - что он говорил?.. Может быть, он нарочно говорит для меня, - а потом - меня схватят..."

Он вздрогнул, задвигался на стуле и тихо спросил Петра:

- Можно мне уйти?

- Куда?

- Спать...

- Иди...

- Ступай ко всем чертям! - проводил Евсея Саша.

IX

Не зажигая огня в своей комнате, Климков бесшумно разделся, нащупал в темноте постель, лёг и плотно закутался в сырую, холодную простыню. Ему хотелось не видеть ничего, не слышать, хотелось сжаться в маленький, незаметный комок. В памяти звучали гнусавые слова Саши. Евсею казалось, что он слышит его запах, видит красный венец на жёлтой коже лба. И в самом деле, откуда-то сбоку, сквозь стену, до него доходили раздражённые крики:

- Я сам - мужик! Я знаю, что нужно...

Не желая, Евсей напряжённо вслушивался, со страхом, искал в своей памяти - кого напоминает ему этот злой человек?

Темно и холодно. За стёклами окна колеблются мутные отблески света; исчезают, снова являются. Слышен тихий шорох, ветер мечет дождь, тяжёлые капли стучат в окно.

"Уйти бы в монастырь!" - тоскливо подумал Климков.

И вдруг вспомнил о боге, имя которого он слышал редко за время жизни в городе и почти никогда не думал о нём. В его душе, постоянно полной опасениями и обидами, не находилось места надежде на милость неба, но теперь, явившись неожиданно, она вдруг насытила его грудь теплом и погасила в ней тяжёлое, тупое отчаяние. Он спрыгнул с постели, встал на колени и, крепко прижимая руки к груди, без слов обратился в тёмный угол комнаты, закрыл глаза и ждал, прислушиваясь к биению своего сердца. Но он слишком устал, было холодно, этот холод пронизывал кожу сотнями тонких игл, вызывая в теле дрожь. Климков снова лёг в постель. А когда проснулся, то увидал, что в углу, куда он направил свою немую молитву, иконы не было. Висели две картины, на одной охотник с зелёным пером на шляпе целовал толстую девицу, а другая изображала белокурую женщину с голою грудью и цветком в руке.

Он вздохнул, оделся, умылся, безучастно оглядел своё жилище, сел у окна и стал смотреть на улицу. Тротуары, мостовая, дома - всё было грязно. Не торопясь шагали лошади, качая головами, на козлах сидели мокрые извозчики и тоже качались, точно развинченные. Как всегда, спешно шли куда-то люди; казалось, что сегодня они, обрызганные грязью и отсыревшие, менее опасны, чем всегда.

Хотелось есть, но, не зная - имеет ли право спросить себе чаю и хлеба, он сидел, неподвижный, точно камень, до поры, пока не услыхал стук в стену.

Вошёл в комнату Петра, остановился у двери. Сыщик, лёжа в постели, спросил его:

- Ты чай пил? Спроси...

Он спустил с кровати голые ноги и стал рассматривать пальцы, шевеля ими.

- Напьёмся чаю и пойдём со мной... - заговорил он, позёвывая. - Я дам тебе одного человечка, ты за ним следи. Куда он - туда и ты, понимаешь? Записывай время, когда он войдёт в какой-либо дом, сколько там пробудет. Узнай, кого он посещал. Если он выйдет из дома - или встретится дорогой - с другим человеком, - заметь наружность другого... А потом... впрочем, всего сразу не поймёшь.

Он осмотрел Климкова, посвистал тихонько и, отвернувшись в сторону, лениво продолжал:

- Вот что, - тут вчера Саша болтал... Ты не вздумай об этом рассказывать, смотри! Он человек больной, пьющий, но он - сила. Ему ты не повредишь, а он тебя живо сложет - запомни. Он, брат, сам был студентом и все дела их знает на зубок, - даже в тюрьме сидел! А теперь получает сто рублей в месяц!

Измятое сном, дряблое лицо Петра нахмурилось. Он одевался и говорил скучным, ворчливым голосом:

- Наша служба - не шутка. Если б можно было сразу людей за горло брать, то - конечно. А ты должен сначала выходить за каждым вёрст сотню и больше...

Вчера, несмотря на все волнения дня, Пётр казался Климкову интересным и ловким человеком, а теперь он говорил с натугой, двигался неохотно и всё у него падало из рук. Это делало Климкова смелее, и он спросил:

- Целый день по улицам ходить нужно?

- Иногда и ночью погуляешь, - на морозе градусов в тридцать. Нашу службу - очень злой чёрт придумал...

- А когда всех их переловят?.. - снова спросил Евсей.

- Кого?

- Этих - врагов...

- Говори - революционеров или политических... Переловить их, мы с тобою, вряд ли успеем. Они, должно быть, двойнями родятся...

За чаем Пётр развернул свою книжку, посмотрел в неё, вдруг оживился, вскочил со стула, торопливо сдал карты и начал считать:

- Тысяча двести шестнадцатая сдача. Имею: три пики, семь червей, туза бубен...

Выходя из дома, он оделся в чёрное пальто, барашковую шапку, взял в руки портфель, сделался похожим на чиновника и строго сказал:

- Рядом со мною по улице не ходи, не разговаривай. Я зайду в один дом, а ты пройди в дворницкую, скажи там, что тебе нужно подождать Тимофеева. Я скоро...

Боясь потерять Петра в толпе прохожих, Евсей шагал сзади, не спуская глаз с его фигуры, но вдруг Пётр исчез. Климков растерялся, бросился вперёд; остановился, прижавшись к столбу фонаря, - против него возвышался большой дом с решётками на окнах первого этажа и тьмою за стёклами окон. Сквозь узкий подъезд был виден пустынный, сумрачный двор, мощёный крупным камнем. Климков побоялся идти туда и, беспокойно переминаясь с ноги на ногу, смотрел по сторонам.

Со двора вышел спешными шагами человек в поддёвке, в картузе, надвинутом на лоб, с рыжей бородкой, он мигнул Евсею серым глазом и негромко сказал:

- Что же ты не вошёл к дворнику?

- Я вас потерял! - сознался Евсей.

- Потерял? Смотри, за это тебе могут дать в шею... Слушай: через три дома отсюда земская управа. Сейчас из неё выйдет человек, зовут его Дмитрий Ильич Курносов - помни! Идём, я тебе покажу его...

И через несколько минут Климков, как маленькая собака, спешно шагал по тротуару сзади человека в поношенном пальто и измятой чёрной шляпе. Человек был большой, крепкий, он шёл быстро, широко размахивал палкой и крепко стучал ею по асфальту. Из-под шляпы спускались на затылок и уши чёрные с проседью вьющиеся волосы.

Евсей редко ощущал чувство жалости к людям, но теперь оно почему-то вдруг явилось. Вспотевший от волнения, он быстро, мелкими шагами перебежал на другую сторону улицы, забежал вперёд, снова перешёл улицу и встретил человека грудь ко груди. Перед ним мелькнуло тёмное, бородатое лицо с густыми бровями, рассеянная улыбка синих глаз. Человек что-то напевал или говорил сам себе, - его губы шевелились.

Климков остановился, вытер ладонями потное лицо, согнул спину и пошёл вслед за ним, глядя в землю, лишь изредка вскидывая глаза.

"Немолодой, - думал он. - Бедный, видно... Всё - от бедности..."

Ему вспомнился Дудка, он вздрогнул.

"Изобьёт он меня..."

Стало жалко Дудку.

В уши назойливо лез уличный шум, хлюпала и брызгала жидкая, холодная грязь. Климкову было скучно, одиноко, вспоминалась Раиса. Тянуло куда-то в сторону с улицы.

А человек, за которым он следил, остановился у крыльца, ткнул пальцем кнопку звонка, снял шляпу, помахал ею в лицо себе и снова взбросил на голову. Стоя в пяти шагах у тумбы, Евсей жалобно смотрел в лицо человека, чувствуя потребность что-то сказать ему. Тот заметил его, сморщил лицо и отвернулся. Сконфуженный, Евсей опустил голову.

- Из охраны? - услыхал он негромкий, сиповатый голос. Спрашивал высокий рыжий мужик в грязном переднике, с метлой в руках.

- Да! - тихо сказал Евсей и в ту же секунду сообразил: "Не надо было сознаваться..."

- Опять - новый, - заметил дворник. - Всё за Курносовым ходите?

- Да...

- Так. Скажи там начальству - утром сегодня к нему гость приехал с вокзала, с чемоданами, - три чемодана. Не прописывали ещё в полиции - срок имеют сутки. Маленький такой, красивый, с усиками...

Дворник замолчал, несколько раз погладил метлой тротуар, забрызгал грязью сапоги и брюки Евсею, остановился и заметил:

- Тебя тут видно. Они тоже не дураки, вашего брата замечают. Ты встал бы в воротах, что ли...

Евсей послушно отошёл к воротам... И вдруг, на другой стороне улицы, увидал Якова Зарубина. С тростью в руке, в новом пальто и в перчатках, Яков, сдвинув набок чёрный котелок, шёл по тротуару и улыбался, играя глазами, точно уличная девица, уверенная в своей красоте...

- Здравствуй! - сказал он, оглядываясь. - Я тебя сменить пришёл... Иди в трактир Сомова на Лебяжью улицу, спроси там Николая Павлова...

- Ты разве тоже в охране? - спросил Евсей.

- На десять дней раньше тебя поступил... а что?

Евсей посмотрел в его сияющее чёрное личико.

- Это ты про меня рассказал?

- А Дудку - ты выдал?

Подумав, Евсей хмуро ответил:

- Я - после тебя. Я только тебе сказал...

- А Дудка - только тебе, - у!

Яков засмеялся, толкнул Климкова в плечо.

- Иди скорее, курица варёная!

И, помахивая тросточкой, пошёл рядом с ним.

- Это должность хорошая, это я - понимаю! Жить можно барином - гуляй, посматривай. Вот видишь костюмчик?

Скоро он простился с Евсеем и быстро пошёл назад, Климков неприязненно посмотрел вслед ему и задумался. Он считал Якова человеком пустым, ставил его ниже себя, и было обидно видеть Зарубина щегольски одетым, довольным.

"Донёс на меня. Если я рассказал про Дудку, так я - со страха. А он зачем?"

И, угрожая Якову, он мысленно воскликнул:

"Погоди! Еще увидим, кто лучше!.."

Когда он спросил в трактире Николая Ивановича, ему указали лестницу наверх; войдя по ней, он остановился перед дверью и услыхал голос Петра.

- Карт в игре - пятьдесят две... В городе, в моём участке, тысячи людей, и я знаю из них несколько сотен. Знаю, кто с кем живёт, кто где служит. А ведь люди меняются - карты всегда одни и те же...

Кроме Петра и Саши, в комнате был ещё третий человек. Высокий, стройный, он стоял у окна, читая газету, и не пошевелился, когда вошёл Евсей.

- Какая дурацкая рожа! - встретил Евсея Саша, упираясь в лицо ему злым взглядом. - Её надо переделать - слышите, Маклаков?

Читавший газету повернул голову, осмотрел Евсея большими светлыми глазами и сказал:

- Надо...

Возбуждённый, с растрёпанной причёской, Пётр спрашивал Евсея, что он видел, и чистил себе зубы гусиным пером. На столе стояли остатки обеда, запах жира и кислой капусты раздражал Евсею ноздри, вызывая острое чувство голода. Он стоял перед Петром и бесстрастным голосом рассказывал то, что сообщил ему дворник. С первых же слов рассказа Маклаков заложил руки с газетой за спину и, наклонив голову, стал внимательно слушать, пошевеливая светлыми усами. И на голове у него волосы были тоже странно белые, как серебряные, с лёгким оттенком желтизны. Чистое лицо, серьёзное, с нахмуренным лбом, спокойные глаза, уверенные движения сильного тела, ловко и плотно обтянутого в солидный костюм, сильный басовый голос - всё это выгодно отводило Маклакова в сторону от Саши и Петра.

- Дворник сам вносил чемоданы? - спросил он Евсея.

- Не сказал.

- Значит, не он вносил. Он сказал бы, тяжелы или легки. Вносили сами! - заметил Маклаков. И добавил: - Вероятно - это литература. Очередной номер.

- Надо сказать, чтобы не медля делали обыск! - проговорил Саша и скверно выругался, грозя кому-то кулаком. - Мне нужно типографию. Достаньте шрифт, ребята, я сам устрою типографию, - найду ослов, дам им всё, что надо, потом мы их сцапаем, и - у нас будут деньги...

- План не вредный! - воскликнул Пётр.

Маклаков посмотрел на Евсея и спросил его:

- Вы обедали?

- Нет...

Кивком головы указывая на стол, Пётр скомандовал:

- Ешь скорее!

- Зачем же угощать объедками? - спокойно спросил Маклаков, шагнул к двери, открыл её и крикнул: - Эй, обед...

- Ты попробуй, - гнусил Саша Петру, - уговорить этого идиота Афанасова, чтобы он дал нам типографию, которая была арестована в прошлом году.

А Маклаков смотрел на них и молча крутил усы. Внесли обед, и вместе с лакеем в комнате явился круглый рябоватый и скромный человек. Он благожелательно улыбнулся всем и сказал:

- Сегодня вечером в зале Чистова - банкет революционеров. Трое наших отправляются туда официантами - между прочими - вы, Петруша.

- Опять я! - вскричал Пётр, и его лицо покрылось пятнами, постарело, озлобилось. - За два месяца третий раз лакея играть! Позвольте же!.. Не хочу!

- Об этом вы скажите не мне!

- Соловьев! Почему именно меня всегда назначают лакеем?

- Похож! - сказал Саша, усмехаясь.

- Назначено трое! - повторил Соловьев, вздохнув. - Пива бы выпить?

- Вот видите, Маклаков, - заговорил Саша, - у нас никто не хочет работать серьёзно, с увлечением, а у них дело развивается. Банкеты, съезды, дождь литературы, на фабриках - открытая пропаганда...

Маклаков молчал, не глядя на него.

Заговорил круглый Соловьев, тихо и ласково улыбаясь:

- А я сегодня на вокзале девицу поймал с книжками. Ещё летом на даче заметил я её - ну, думаю, гуляй, милая!.. А сегодня хожу по вокзалу, готовых у меня никого нет, смотрю - она идёт с чемоданчиком... Подошёл, вежливо предлагаю - пожалуйте со мной на два слова. Вижу - вздрогнула, побелела и чемоданчик за спину прячет. А, думаю, милашка моя глупенькая, попалась! Ну, сейчас её в дежурную, вскрыли багажик, а там "Освобождение", последний номерок, и всякое другое вредное дрянцо. Отвёз девочку в охранное - что делать? Карасики не ловятся - и щурёнка съешь. Едет, личико от меня в сторону отвернула, щёчки горят, а на глазках слезинки. Но - молчит. Спрашиваю - удобно вам, барышня? Молчит...

Соловьев тихонько и мягко засмеялся, его рябое лицо покрылось дрожащими лучами морщин.

- Кто она? - спросил Маклаков.

- Доктора Мелихова дочь.

- А-а... - протянул Саша. - Я его знаю...

- Солидный человек, имеет ордена - Владимира и Анны, - сообщил Соловьев.

- Я его знаю! - повторил Саша. - Шарлатан, как все они. Пробовал меня лечить...

73

- Вас теперь один господь мог бы вылечить! - ласково сказал Соловьев. - Быстро вы разрушаетесь здоровьем...

- Подите к чёрту! - крикнул Саша. - Чего вы ждёте, Маклаков?

- А вот он поест...

- Эй, ты, глотай живее! - крикнул Саша Климкову. Обедая, Климков внимательно слушал разговоры и, незаметно рассматривая людей, с удовольствием видел, что все они - кроме Саши - не хуже, не страшнее других. Им овладело желание подслужиться к этим людям, ему захотелось сделаться нужным для них. Он положил нож и вилку, быстро вытер губы грязной салфеткой и сказал:

- Я - готов.

Распахнулась дверь, в комнату, согнувшись, вскочил вертлявый растрёпанный человек, прошипел:

- Тиш-ше!

Высунул голову в коридор, послушал, потом, тщательно притворив дверь, спросил:

- Не запирается? Где ключ?

Оглянулся и, вздохнув, сказал:

- Слава богу!

- Э, дубина! - презрительно прогнусил Саша. - Ну, что такое? Опять хотели бить тебя?

Человек подскочил к нему и, задыхаясь, размахивая руками, отирая пот с лица, начал вполголоса бормотать:

- И - хотели! Конечно. Хотели убить молотком. Двое. Шли за мной от тюрьмы, ну да! Я был на свиданиях, выхожу - а они у ворот стоят, двое. И один держит в кармане молоток...

- Может быть, это револьвер? - спросил Соловьев, вытягивая шею.

- Молоток!

- Ты видел? - с усмешкой осведомился Саша.

- Ах, я же знаю! Они решили молотком. Без шума - р-раз...

Он оправлял галстук, застёгивал пуговицы, искал чего-то в карманах, приглаживал курчавые потные волосы, его руки быстро мелькали, и казалось, что вот они сейчас оторвутся. Костлявое серое лицо обливалось потом, тёмные глаза разбегались по сторонам, то прищуренные, то широко открытые, и вдруг они неподвижно, с неподдельным ужасом остановились на лице Евсея. Человек попятился к двери, хрипло спрашивая:

- Это - кто?

Маклаков подошёл к нему, взял за руку.

- Успокойтесь, Елизар, это свой.

- Вы его знаете?

74

- Скотина! - раздался раздражённый возглас Саши. - Тебе лечиться надо...

- Вас под вагон конки толкали? Нет? Так вы погодите ругаться...

- Вот, смотрите, Маклаков... - заговорил Саша, но человек продолжал с яростным возбуждением:

- Вас ночью били неизвестные люди? Ага! Вы поймите - неизвестные люди! Таких людей, неизвестных мне, - сотни тысяч в городе... Они везде, а я один.

Успокоительно прозвучал мягкий голос Соловьева и утонул в новом взрыве слов разбитого человека. Он внёс с собою вихрь страха, Климков сразу закружился, утонул в шёпоте его тревожной речи, был ослеплён движениями изломанного тела, мельканием трусливых рук и ждал, что вот что-то огромное, чёрное ворвётся в дверь, наполнит комнату и раздавит всех.

- Пора идти! - сказал Маклаков, дотронувшись до его плеча.

На улице, сидя в пролётке, Евсей угрюмо и тихо заметил:

- Не гожусь я для этого дела...

- Почему? - спросил Маклаков.

- Я - боязливый...

- Это - пройдёт!

- Ничего не проходит! - быстро сказал Евсей.

- Всё! - возразил ему Маклаков спокойно.

На улице было слякотно, холодно, темно. Отсветы огней лежали в грязи, люди и лошади гасили их, ступая ногами в золотые пятна.

Евсей, без мысли глядя вперёд, чувствовал, что Маклаков рассматривает его лицо.

- Привыкнете! - заговорил Маклаков. - Но если есть другая служба уходите сейчас же. Есть?

- Нет...

Шпион пошевелился, но не сказал ни слова. Глаза у него были полузакрыты, он дышал через нос, и тонкие волосы его усов вздрагивали.

В воздухе плавали густые звуки колокола, мягкие и тёплые. Тяжёлая туча накрыла город плотным тёмным пологом. Задумчивое пение меди, не поднимаясь вверх, печально влачилось над крышами домов.

- Завтра воскресенье! - негромко произнёс Маклаков. - Вы в церковь ходите?

- Нет! - ответил Евсей.

- Почему?

- Не знаю. Так...

- А я - хожу. Люблю утренние службы. Поют певчие, и солнце в окна смотрит. Это хорошо.

Простые слова Маклакова ободрили Евсея, ему захотелось говорить о себе.

- Петь - хорошо! - начал он. - Мальчишкой я пел в церкви, в селе у нас. Поёшь, и даже непонятно - где ты? Всё равно как нет тебя...

- Приехали! - сказал Маклаков.

Евсей вздохнул, печально глядя на длинное здание вокзала, - оно явилось перед глазами как-то сразу и вдруг загородило дорогу.

Прошли на перрон, где уже собралось много публики, остановились, прислонясь к стене. Маклаков прикрыл глаза ресницами и точно задремал. Позванивали шпоры жандармов, звучно и молодо смеялась стройная женщина, черноглазая, со смуглым лицом.

- Запомните эту, которая смеётся, и старика рядом с ней! - внятным шёпотом говорил Маклаков. - Её зовут Сарра Лурье, акушерка, квартирует на Садовой, дом - семь. Сидела в тюрьме, была в ссылке. Очень ловкая женщина! Старик тоже бывший ссыльный, журналист...

Вдруг он точно испугался кого-то, быстрым движением руки надвинул шапку на лоб и ещё тише продолжал:

- Высокий, в чёрном пальто, мохнатая шапка, рыжий - видите?

Евсей кивнул головой.

- Это - писатель Миронов... Четыре раза сидел по тюрьмам в разных городах...

Чёрный, железный червь, с рогом на голове и тремя огненными глазами, гремя металлом огромного тела, взвизгнул, быстро подполз к вокзалу, остановился и злобно зашипел, наполняя воздух густым белым дыханием. Потный, горячий запах ударил в лицо Климкова, перед глазами быстро замелькали чёрные суетливые фигурки людей.

Евсей впервые видел так близко эту массу железа, она казалась ему живой, чувствующей и, властно привлекая к себе его внимание, возбуждала в нём враждебное и жуткое предчувствие. В памяти его ослепительно и угрожающе блестели огненные глаза, круглые, лучистые, вертелись большие красные колёса, блистал стальной рычаг, падая и поднимаясь, точно огромный нож...

Раздался негромкий возглас Маклакова.

- Что? - спросил Евсей.

- Ничего! - с досадой ответил сыщик. Щёки у него покраснели, он закусил губы. По его взгляду Евсей догадался, что он следит за писателем. Не спеша, покручивая ус, писатель шёл рядом с пожилым, коренастым человеком в расстёгнутом пальто и в летней шляпе на большой голове. Человек этот громко хохотал и, поднимая кверху бородатое красное лицо, вскрикивал:

- Ехал, ехал...

Писатель снял шапку, кому-то кланяясь, - голова у него была гладко острижена, лоб высокий, лицо скуластое, с широким носом и узкими глазами. Это лицо показалось Климкову грубым, неприятным, большие рыжие усы придавали ему что-то солдатское, жёсткое.

- Идёмте! - сказал Маклаков. - Они, должно быть, поедут вместе. Нам надо быть поосторожнее, приезжий-то бывалый человек...

На улице он нанял извозчика, сказав ему:

- Поезжай за тем экипажем!

И долго молчал, согнув спину и раскачиваясь всем телом. Потом тихо пробормотал:

- В прошлом году летом был я у него при обыске...

- У писателя? - спросил Евсей.

- Да. Поезжай дальше, извозчик! - быстро приказал Маклаков, заметив, что передний экипаж остановился.

Через минуту он соскочил с пролётки, сунул извозчику деньги, сказал Евсею: "Подождите!" - и скрылся в сырой тьме. Был слышен его голос:

- Извините - это дом Яковлева?

Кто-то глухо ответил:

- Перцева.

Прислонясь к забору, Евсей считал замедленные шаги Маклакова и думал:

"Просто это - следить за людьми..."

Шпион подошёл и недовольным голосом заговорил:

- Нам здесь делать нечего. Завтра с утра вы оденетесь в другое платье и будете наблюдать за этим домом.

Он зашагал по улице, и в уши Климкова застучала его речь, быстрая, точно дробь барабана.

- Запоминайте лица, костюмы, походку людей, которые будут приходить в эту квартиру. Людей, похожих друг на друга, - нет, каждый имеет что-нибудь своё, вы должны научиться сразу поймать это своё в человеке - в его глазах, в голосе, в том, как он держит руки на ходу, как, здороваясь, снимает шапку. Эта служба прежде всего требует хорошей памяти...

Евсей чувствовал, что сыщик говорит со скрытою неприязнью к нему.

- У вас слишком заметное лицо, особенно глаза, это не годится, вам нельзя ходить без маски, без дела. По фигуре, да и вообще, вы похожи на мелочного торгаша, вам надо завести ящик с товаром - шпильки, иголки, тесёмки, ленты и всякая мелочь. Я скажу, чтобы вам дали ящик и товару, тогда вы можете заходить на кухни, знакомиться с прислугой...

Он замолчал, снял свою бороду, спрятал её в карман, поправил шапку и пошёл тише.

- Прислуга всегда готова сделать что-нибудь неприятное для господ, её легко выспросить. Особенно женщин - кухарок, нянек, горничных. Они любят сплетничать. Однако - я продрог! - другим голосом закончил он поучение. Зайдём в трактир.

- У меня денег нет...

- Пустяки!

В трактире он строгим тоном барина спросил:

- Рюмку коньяку побольше и пару пива. Вы хотите коньяку?

- Нет. Я не пью, - ответил Евсей сконфуженно.

- Это хорошо!

Шпион внимательно взглянул в лицо Климкова, поправил усы, на минуту закрыл глаза, потянулся всем телом так, что у него хрустнули кости. А когда выпил коньяк, то снова вполголоса заговорил:

- И хорошо, что вы такой молчаливый... О чём вы думаете, а?

Евсей опустил голову и ответил:

- О себе...

- Что же именно?

Глаза Маклакова светились мягко, и Евсей искренно ответил:

- Думаю, что, может, лучше бы мне в монастырь поступить...

- Вы в бога веруете?

Подумав, Евсей сказал, как бы извиняясь:

- Верую! Только я - не для бога, а для себя. Что я богу?

- Ну, давайте выпьем...

Климков храбро выпил стакан холодного, горького пива, - оно вызвало у него дрожь. Облизав губы, он спросил:

- Часто бьют вас?

- Меня? Кто? - удивлённо и обиженно воскликнул сыщик.

- Не вас, а вообще - шпионов?

- Надо говорить - агенты, а не шпионы, - поправил его Маклаков, усмехаясь. - Меня - не били...

Он задумался, плечи у него опустились, спина согнулась, по белому лицу скользнула тень.

- Должность наша - собачья, люди смотрят на нас - довольно скверно! тихонько проговорил он и вдруг, улыбнувшись всем лицом, наклонился к Евсею. - Только один раз за пять лет я видел человеческое отношение к себе. Было это у Миронова. Я пришёл к нему с жандармами, в форме околоточного надзирателя; нездоровилось мне, лихорадило, едва на ногах стою. Принял он нас вежливо, немножко будто сконфузился, посмеивается. Большой такой, руки длинные, усы - точно у кота. Ходит с нами из комнаты в комнату, всем говорит - вы, заденет кого-нибудь - извиняется. Неловко всем около него - и полковнику, и прокурору, и нам,

78

мелким птицам. Все этого человека знают, в газетах портреты его печатаются, даже за границей известен, - а мы пришли к нему ночью... совестно как-то! Вижу я - смотрит он на меня, - потом подошёл близко и говорит: "Вы бы сели, а? Вам нездоровится, как видно, сядьте!" Так он меня этими словами и опрокинул. Сел я. Думаю - уйди от меня! А он: "Хотите принять порошок?" Все молчат, - никто на меня и на него не смотрит...

Маклаков тихо засмеялся.

- Дал он мне хину в облатке, а я её разжевал. Во рту - горечь нестерпимая, в душе - бунт. Чувствую, что упаду, если встану на ноги. Тут полковник вмешался, велел меня отправить в часть, да, кстати, и обыск кончился. Прокурор ему говорит: "Должен вас арестовать..." - "Ну, что же, говорит, арестуйте! Всякий делает то, что может..." Так это он просто сказал - с улыбкой!..

Рассказ понравился Евсею, точно обласкал его и разогрел желание быть приятным Маклакову.

"Хороший человек!" - утвердительно подумал он о сыщике.

А тот вздохнул, спросил себе ещё рюмку коньяку, медленно выпил её, вдруг осунулся, похудел и опустил голову на стол.

Евсею хотелось говорить, в голове сумбурно мелькали разные слова, но не укладывались в понятную и ясную речь. Наконец, после многих усилий, Евсей нашёл о чём спросить.

- Он тоже на службе у врагов наших?

- Кто? - едва подняв голову, спросил сыщик.

- Писатель-то...

- У каких - врагов наших?

Евсей смутился, - сыщик смотрел, брезгливо скривив губы, в голосе его была слышна насмешка. Не дождавшись ответа, он встал, кинул на стол серебряную монету, сказал кому-то: "Запишите!", надел шапку и, ни слова не говоря Климкову, пошёл к двери. Евсей, ступая на носки, двинулся за ним, а шапку надеть не посмел.

- Завтра к девяти будьте на месте, в двенадцать вас сменят! - сказал ему Маклаков уже на улице, сунул руки и карманы пальто и исчез.

"Не простился!" - огорчённо думал Евсей, идя по пустынной улице.

Он чувствовал себя худо - со всех сторон его окружала тьма, было холодно, изо рта в грудь проникал клейкий и горький вкус пива, сердце билось неровно, а в голове кружились, точно тяжёлые хлопья осеннего снега, милые мысли.

"Вот - день отслужил я... Кабы я понравился кому-нибудь..."

X

Ночью Евсею приснилось, что его двоюродный брат Мишка сел ему на грудь, схватил за горло и душит... Он проснулся и услыхал в комнате Петра его сердитый, сухой голос:

- Мне наплевать на государство и на всю эту чепуху...

Засмеялась женщина, и прозвучал чей-то тонкий голос:

- Ш-ш! Не ори!..

- У меня нет времени разбирать, кто прав, кто виноват, - я не дурак. Я молод, мне надо жить. Он мне, подлец, лекции читает о самодержавии, - а я четыре часа лакеем метался около всякой сволочи, у меня ноги ноют, спина от поклонов болит. Коли тебе самодержавие дорого, так ты денег не жалей, а за грош гордость мою я самодержавию не уступлю, - подите вы к чёрту!

А через несколько часов Евсей сидел на тумбе против дома Перцева. Он долго ходил взад и вперёд по улице мимо этого дома, сосчитал в нём окна, измерил шагами его длину, изучил расплывшееся от старости серое лицо дома во всех подробностях и, наконец, устав, присел на тумбу. Но отдыхать ему пришлось недолго, - из двери вышел писатель в накинутом на плечи пальто, без галош, в шапке, сдвинутой набок, и пошёл через улицу прямо на него.

"В морду даст!" - подумал Евсей, глядя на суровое лицо и нахмуренные рыжие брови. Он попробовал встать, уйти - и не мог, окованный страхом.

- Вы чего тут сидите? - раздался сердитый голос.

- Так...

- Ступайте прочь!..

- Я не могу...

- Вот письмо - идите, отдайте его тому, кто вас послал сюда.

Большие синие глаза приказывали, ослушаться их взгляда не было сил. Отвернув лицо в сторону, Евсей пробормотал:

- Н-не имею разрешения принимать от вас что-нибудь. И разговаривать тоже...

Писатель улыбнулся хмурой улыбкой и сунул конверт в руку Евсея.

Климков пошёл, держа конверт в правой руке на высоте груди, как что-то убийственное, грозящее неведомым несчастием. Пальцы у него ныли, точно от холода, и в голове настойчиво стучала пугливая мысль:

"Что же будет со мной?.."

Но вдруг он увидел, что конверт не заклеен, это поразило его, он остановился, оглянулся, быстро вынул письмо и прочитал:

"Уберите прочь от меня этого болвана. Миронов".

Евсей облегчённо вздохнул.

- Надо отдать Маклакову. Обругает он меня...

Страх исчез, но было тяжело при мысли о том, что снова не удалось угодить сыщику, который так нравился.

Он застал Маклакова за обедом в компании с маленьким, косоглазым человеком, одетым в чёрное.

- Знакомьтесь! Климков, Красавин.

Евсей сунул руку в карман за письмом и смущённо сказал:

- Вышло так, что...

Маклаков протянул к нему руку.

- Расскажете после!..

Лицо у него было усталое, глаза потускнели, белые прямые волосы растрепались.

"Видно, напился вчера!" - подумал Евсей.

- Нет, Тимофей Васильевич, - холодно и внушительно заговорил косоглазый человек. - Это вы напрасно. Во всяком деле имеется своя приятность, когда дело любишь...

Маклаков взглянул на него и залпом выпил большую рюмку водки.

- Они - люди, мы - люди, но - это ничего не значит.

Косой заметил, что Евсей смотрит на его разбегающиеся глаза, и надел очки в оправе из черепахи. Он двигался мягко и ловко, точно чёрная кошка, зубы у него были мелкие, острые, нос прямой и тонкий; когда он говорил, розовые уши шевелились. Кривые пальцы всё время быстро скатывали в шарики мякиш хлеба и раскладывали их по краю тарелки.

- Подручный? - спросил он, кивнув головой на Евсея.

- Да...

Красавин кивнул головой и, пощипывая тонкий тёмный ус, плавно заговорил:

- Конечно, Тимофей Васильевич, судьбе жизни на хвост не наступишь, по закону господа бога, дети растут, старики умирают, только всё это нас не касается - мы получили своё назначение, - нам указали: ловите нарушающих порядок и закон, больше ничего! Дело трудное, умное, но если взять его на сравнение - вроде охоты...

Маклаков встал из-за стола, отошёл в угол и оттуда поманил Евсея к себе.

- Ну, что?

Евсей отдал ему конверт. Сыщик прочитал письмо, удивлённо взглянул в лицо Климкова, прочитал ещё раз и тихо спросил:

- Это откуда?

Евсей смущённо шёпотом ответил:

- Он сам дал. Вышел на улицу...

Ожидая ругательства или удара, он согнул шею, но услыхал тихий смех и осторожно поднял голову. Сыщик смотрел на конверт, широко улыбаясь, глаза у него весело блестели.

- Эх вы, чудак! - сказал он. - Уж вы молчите об этом!

- Можно поздравить с удачным дельцем? - спросил Красавин.

- Можно! - сказал Маклаков. - А японцы нас всё-таки вздули, Гаврила! - весело воскликнул он, потирая руки.

- Радости твоей в таком случае никак не могу принять! - сказал Красавин, двигая ушами. - Хотя это и поучительно, как многие выражаются, но всё же пролита русская кровь и обнаружена недостача силы.

- А - кто виноват?

- Японец. Чего ему надо? Всякое государство должно жить внутри себя...

Они заспорили, но Евсей, обрадованный отношением Маклакова, не слушал их. Он смотрел в лицо сыщика и думал, что хорошо бы жить с ним, а не с Петром, который ругает начальство и за это может быть арестован, как арестовали Дудку.

Красавин ушёл. Маклаков вынул письмо, прочитал его ещё раз и засмеялся, глядя на Евсея.

- Так вы об этом ни слова, - никому! Он сам вышел?

- Да. Вышел и говорит: "Ступай прочь!"

Евсей виновато улыбнулся.

Сыщик, прищурив глаза, посмотрел в окно и медленно проговорил:

- Вам нужно заняться торговлей, я вам говорил. Сегодня вы свободны, у меня нет поручений для вас. До свиданья!

Он протянул руку, Евсей благодарно коснулся её и ушёл счастливый.

XI

Через несколько недель он почувствовал себя более ловко.

Утром каждого дня, тепло и удобно одетый, с ящиком мелкого товара на груди, он являлся в один из трактиров, где собирались шпионы, в полицейский участок или на квартиру товарища по службе, там ему давали простые, понятные задачи: ступай в такой-то дом, познакомься с прислугой, расспроси, как живут хозяева. Он шёл и на первый раз старался подкупить прислугу дешёвой ценой товара, маленькими подарками, а потом осторожно выспрашивал то, о чём ему было приказано узнать. Когда он чувствовал, что собранных сведений недостаточно, то дополнял их из своей головы, выдумывая недостающее по плану, который нарисовал ему старый, жирный и чувствительный Соловьев.

- Человеки эти, которые нам интересны, - говорил он слащаво и самодовольно, - все имеют одинаковые привычки - в бога не веруют, в храмы не ходят, одеваются плохо, но в обращении вежливы. Читают много книг, по ночам сидят долго, часто собирают гостей, однако вина пьют мало и в карты не играют. Говорят об иностранных государствах и порядках, о рабочем социализме и свободе для людей. Также о бедном народе и что нужно бунтовать его против государя нашего, перебить всё правительство, занять высшие должности и посредством социализма снова устроить крепостное право - при нём для них будет полная свобода.

Тёплый голос шпиона оборвался, он покашлял и чувствительно вздохнул.

- Свобода! Это, конечно, всякому приятно и хочется. Но дайте мне её, так я, может быть, первым злодеем земли стану, вот что! Даже ребёнку невозможно дать полной свободы; святые отцы - угодники божий, но однако подвергались искушению плоти и грешили самым лучшим образом. Не свободой, а страхом связана жизнь людей - повиновение закону необходимо для человека. Революционеры же закона отрицаются. Составляют они две партии - одна сейчас же хочет перебить бомбами и другими способами министров и царёвых верных людей, другая - после, дескать, сначала общий бунт, а потом уж всех сразу казним.

Соловьев задумчиво возвёл глаза вверх и, помолчав, продолжал:

- Разобрать их политику нам трудно, может, они там... действительно, что-нибудь понимают, но для нас всё это вредные мечты - мы исполняем волю царя, помазанника божия, он за нас и отвечает перед богом, а мы должны делать, что велят. А чтобы войти в доверие революционерам, надо жаловаться: жизнь, мол, очень трудна для бедных, полиция обижает и законов никаких нет. Хотя они люди злодейского направления, но легковерны, и на эту удочку их всегда поймаешь. С прислугою ихней веди себя умеючи, прислуга у них тоже бывает не глупа. В нужном месте уступай товар подешевле, чтобы к тебе привыкли, чтобы тебя ценили, но подозрений опасайся. Что такое? Продаёт дёшево и на вопросы любопытен. Лучше всего заводи себе подружек какую-нибудь этакую шишечку грудастенькую, горяченькую, и будет тебе с нею всячески хорошо. Она тебе и рубашку сошьёт, и ночевать позовёт, и всё, что велишь, узнает, разнюхает, этакая мышка мягонькая. Через женщину далеко можно руку протянуть!

Этот круглый человек с волосатыми руками, толстогубый и рябой, чаще всех говорил о женщинах. Он понижал свой мягкий голос до шёпота, шея у него потела, ноги беспокойно двигались, и тёмные глаза без бровей и ресниц наливались тёплым маслом. Тонко воспринимавший запахи, Евсей находил, что от Соловьева всегда пахнет горячим, жирным, испорченным мясом.

Когда Евсей служил в полиции, там рассказывали о шпионах как о людях, которые всё знают, всё держат в своих руках, всюду имеют друзей и помощников; они могли бы сразу поймать всех опасных людей, но не делают этого, потому что не хотят лишить себя службы на будущее время. Вступая в охрану, каждый из них даёт клятву никого не жалеть, ни мать, ни отца, ни брата, и ни слова не говорить друг другу о тайном деле, которому они поклялись служить всю жизнь.

Евсей ожидал увидеть фигуры суровые, ему казалось, что они должны говорить мало, речи их непонятны для простых людей и каждый из них обладает чудесной прозорливостью колдуна, умеющего читать мысли человека.

Теперь, наблюдая за ними, он ясно видел, что эти люди не носят в себе ничего необычного, а для него они не хуже, не опаснее других. Казалось, что они живут дружнее, чем вообще принято у людей, откровенно рассказывают о своих ошибках и неудачах, часто смеются сами над собой и все вместе одинаково усердно, с разной силой злости, ругают своё начальство.

Между ними чувствовалась тесная связь, была заметна заботливость друг о друге, - иногда случалось, что кто-нибудь опаздывал или не являлся на свидание, и все искренно беспокоились о нём, посылали Евсея, Зарубина или ещё кого-нибудь из многочисленной группы "подручных" искать пропавшего в других местах свиданий. Бросалось в глаза отсутствие жадности к деньгам у большинства, готовность поделиться ими с товарищем, который проигрался в карты или прокутил свои рубли. Все они любили азартные игры, их, как детей, занимали фокусы с картами, и они завидовали ловкости шулеров.

С завистью сообщали друг другу о кутежах начальства, подробно описывали телосложение знакомых распутниц и жарко спорили о разных приёмах половых сношений. Большинство были холостые, почти все молоды, и для каждого женщина являлась чем-то вроде водки, - она успокаивала, усыпляла, с нею отдыхали от тревог собачьей службы. Почти каждый имел в кармане неприличные фотографии, их рассматривали и при этом говорили пакости, возбуждавшие у Евсея острое, опьяняющее любопытство, а иногда - неверие и тошноту. Он знал, что некоторые из них занимаются мужеложством, очень многие заражены секретными болезнями и все обильно пили, мешая водку с пивом, пиво с коньяком, всегда стремясь опьянеть возможно скорее.

Только немногие вкладывали в свою службу охотницкий задор, хвастались ловкостью и рисовали себя героями; большинство делало своё дело скучно, казённо.

В разговорах о людях, которых они выслеживали, как зверей, почти никогда не звучала яростная ненависть, пенным ключом кипевшая в речах Саши. Выделялся Мельников, тяжёлый, волосатый человек с густым ревущим голосом, он ходил странно, нагибая шею, его тёмные глаза всегда чего-то напряжённо ждали, он мало говорил, но Евсею казалось, что этот человек неустанно думает о страшном. Был заметен Красавин холодной злобностью и Соловьев сладким удовольствием, с которым он говорил о побоях, о крови и женщинах.

Среди молодёжи суетился Яков Зарубин. Всегда озабоченный, он ко всем подбегал с вопросами, слушая разговоры о революционерах, сердито хмурил брови и что-то записывал в маленькую книжку. Старался услужить всем крупным сыщикам и явно не нравился никому, а на его книжку смотрели подозрительно.

О революционере большинство говорило равнодушно, как о человеке надоевшем, иногда насмешливо, как о забавном чудаке, порою с досадой, точно о ребёнке, который озорничает и заслуживает наказания. Евсею стало казаться, что все революционеры - пустые люди, несерьёзные, они сами не знают, чего хотят, и только вносят в жизнь смуту, беспорядок.

Однажды Евсей спросил Петра:

- Вот вы говорите, что революционеры немцами подкуплены, а теперь говорят не то...

- Что - не то? - спросил с досадой Пётр.

- Что бедные они и глупые... а про немцев - никто не говорит...

- Поди ты к чёрту! Не всё ли тебе равно? Делай, что велят, - твоя масть бубны, и ходи с бубен...

От Саши Климков старался держаться возможно дальше, - запах йодоформа и гнусавый, злой голос отталкивали, зловещее лицо больного пугало.

- Мерзавцы! - кричал Саша, ругая начальство. - Им дают миллионы, они бросают нам гроши, а сотни тысяч тратят на бабёнок да разных бар, которые будто бы работают в обществе. Революции делает не общество, не барство это надо знать, идиоты, революция растёт внизу, в земле, в народе. Дайте мне пять миллионов - через один месяц я вам подниму революцию на улицы, я вытащу её из тёмных углов на свет...

Он всегда создавал страшные планы поголовного истребления вредных людей. Его лицо становилось свинцовым, красные глаза странно тускнели, изо рта брызгала слюна.

Было видно, что все относятся к нему брезгливо, но боятся его. Один

Маклаков спокойно уклонялся от общения с ним и даже не подавал ему руки, здороваясь или прощаясь.

Ругая всех товарищей дураками, насмехаясь над каждым, Саша заметно выделял Маклакова на особое место, говорил с ним всегда серьёзно, видимо, охотнее, чем с другими, и даже за глаза не бранил его.

Однажды, когда Маклаков вышел не простясь с ним по обыкновению, Саша сказал:

- Брезгует мною, дворянин. Имеет право, чёрт его возьми! Его предки жили в комнатах высоких, дышали чистым воздухом, ели здоровую пищу, носили чистое бельё. И он тоже. А я - мужик; родился и воспитывался, как животное, в грязи, во вшах, на чёрном хлебе с мякиной. У него кровь лучше моей, ну да. И кровь и мозг.

Помолчав, он прибавил угрюмо, без насмешки в голосе:

- О равенстве людей говорят, идиоты. И обманщики - барство, мерзавцы. Проповедует равенство барин, потому что он бессильная сволочь и сам ничего не может сделать. Ты такой же человек, как и я, сделай же так, чтобы я мог лучше жить, - вот теория равенства...

Мельников, занимавшийся сыском среди рабочих, угрюмо поддакивал ему:

- Да, все обманщики...

И, утвердительно опуская лохматую тёмную голову, Он крепко сжимал волосатые кулаки.

- Их нужно убивать, как мужики убивают конокрадов! - взвизгивал Саша.

- Убивать - это жирно будет, но иной раз в ухо свистнуть барина очень хочется! - сказал сыщик Чашин, знаменитый биллиардный игрок, кудрявый, тонкий, остроносый. - Возьмём такой подлый случай: играю я, назад тому с неделю, у Кононова в гостинице с каким-то господином, вижу - личность словно знакома, ну - все курицы в перьях! Он тоже присматривается - гляди, я не полиняю! Обставил я его на трёшницу и полдюжины пива, пьём, вдруг он встаёт и говорит: "Я вас узнал! Вы - сыщик! Когда, говорит, я был в университете, то по вашей милости четыре месяца в тюрьме торчал, вы, говорит, подлец!" Я сначала струсил, но сейчас же и меня за сердце взяло: "Сидели вы, говорю, никак не по моей милости, а за политику вашу, и это меня не касается, а вот я почти год бегал за вами днём и ночью во всякую погоду, да тринадцать дней больницы схватил - это верно!" Тоже выговаривает, свинья! Наел себе щёки, как поп, часы у него золотые, в галстуке булавка с камнем...

Аким Грохотов, благообразный человек с подвижным лицом актёра, заметил:

- И я таких знаю. В молодости он кверху ногами ходит, а как придут

86

серьёзные года, гуляет смирно вокруг своей жены и, пропитания ради, хоть к нам в охрану готов. Закон природы!..

- Есть среди них, которые, кроме революции, ничего не умеют делать, это самые опасные! - сказал Мельников.

- Д-да! - точно выстрелив, воскликнул Красавин, жадно раскидывая свои косые глаза.

Однажды Пётр, проигравшийся в карты, устало и озлобленно спросил:

- Когда кончится вся эта наша канитель?

Соловьев поглядел на него и пожевал толстыми губами.

- Нам о таком предмете не указано рассуждать. Наше дело простое - взял опасное лицо, намеченное начальством, или усмотрел его своим разумом, собрал справочки, установил наблюдение, подал рапортички начальству, и как ему угодно! Пусть хоть с живых кожицу сдирает - политика нас не касается... Был у нас служащий агент, Соковнин, Гриша, он тоже вот начал рассуждать и кончил жизнь свою при посредстве чахотки, в тюремной больнице...

Чаще всего беседы развивались так.

Веков, парикмахер, всегда одетый пёстро и модно, скромный и тихий, сообщал:

- Вчера троих арестовали...

- Экая новость! - равнодушно отзывался кто-нибудь. Но Веков непременно желал рассказать товарищам всё, что он знает, в его маленьких глазках загоралась искра тихого упрямства, и голос звучал вопросительно.

- На Никитской, кажется, господа революционеры опять что-то затевают очень суетятся...

- Дурачьё! Там все дворники учёные...

- Однако, - осторожно говорил Веков, - дворника можно подкупить...

- И тебя тоже. Всякого человека можно подкупить, дело цены...

- Слышали, братцы, вчера Секачев семьсот рублей выиграл?

- Он передёргивает.

- Д-да, не шулер, а молодой бог...

Веков оглядывался, конфузливо улыбаясь, потом молча и тщательно оправлял свой костюм.

- Новая прокламация явилась! - сообщал он в другой раз.

- Много их! Чёрт их знает, которая новая...

- В них большое зло.

- Ты читал?

- Нет. Филипп Филиппович говорил - новая, и сердится.

- Начальники всегда сердятся, - закон природы! - вздыхая, замечал Грохотов.

- Кто читает эти прокламации!

- Ну - читают! И даже очень...

- Так что? Я тоже читал, а брюнетом не сделался, как был, так и есть рыжеватый. Дело не в прокламациях, а в бомбах...

- Прокламация - не взорвёт...

Но о бомбах не любили говорить, и почти каждый раз, когда кто-нибудь вспоминал о них, все усиленно старались свести разговор на другие темы.

- В Казани на сорок тысяч золотых вещей украдено!

Кто-нибудь оживлённо и тревожно справлялся:

- Поймали воров?

- Поймают! - с грустью предрекал другой.

- Ну, когда ещё это будет, а той порою люди поживут с удовольствием...

И всех охватывал туман зависти, люди погружались в мечты о кутежах, широкой игре, дорогих женщинах.

Мельников более других интересовался ходом войны и часто спрашивал Маклакова, внимательно читавшего газеты:

- Всё ещё бьют нас?

- Бьют.

- Какая же причина? - недоумённо, выкатывая глаза, восклицал Мельников. - Народу мало, что ли?

- Ума не хватает! - сухо отзывался Маклаков.

- Рабочие недовольны. Не понимают. Говорят - генералы подкуплены...

- Это наверное! - вмешался Красавин. - Они же все не русские, - он скверно выругался, - что им наша кровь?..

- Кровь дешёвая! - сказал Соловьев и странно улыбнулся.

Вообще же о войне говорили неохотно, как бы стесняясь друг друга, точно каждый боялся сказать какое-то опасное слово. В дни поражений все пили водку больше обычного, а напиваясь пьяными, ссорились из-за пустяков. Если во время беседы присутствовал Саша, он вскипал и ругался:

- Выродки! Вы ничего не понимаете!

В ответ ему иные улыбались извиняющейся улыбкой, другие хмуро молчали, иногда кто-нибудь негромко говорил:

- За сорок рублей в месяц не много поймёшь...

- Вас уничтожить надо! - взвизгивал Саша. Многие болели постоянным страхом побоев и смерти, некоторым, как Елизару Титову, приходилось лечиться от страха в доме для душевнобольных.

- Играю вчера в клубе, - сконфуженно рассказывал Пётр, - чувствую -

в затылок давит и спине холодно. Оглянулся - стоит в углу высокий мужчина и смотрит на меня, как будто вершками меряет. Не могу играть! Встал из-за стола, вижу - он тоже двигается в углу. Я - задним ходом да бегом по лестнице, на двор, на улицу. А дальше не могу идти, - не могу! Всё кажется, что он сзади шагает. Крикнул извозчика, еду, сижу боком, оглядываюсь назад. Вдруг он откуда-то появился впереди и шагает через улицу, прямо перед лошадью - может, это не он, да тут уж не думаешь - ка-ак я закричу! Он остановился, а я из пролётки прыгнул да - бегом. Извозчик - за мной. Ну, и бежал я, чёрт возьми!

- Бывает! - улыбаясь, сказал Грохотов. - Я этак-то спрятался однажды во двор, а там ещё страшнее. Так я на крышу залез и до рассвета дня сидел за трубой. Человек человека должен опасаться, - закон природы...

Красавин пришёл однажды бледный, потный, глаза его остановились, он сдавил себе виски и тихо, угрюмо сообщил:

- Ну, за мной пошли...

- Кто?

- Ходят, - вообще...

Соловьев попробовал успокоить его:

- Все люди ходят, Гаврилушка...

- Я по шагам слышу - это за мной.

И более двух недель Евсей не видел Красавина.

Шпионы относились к Климкову добродушно, и если порою смеялись над ним, этот смех не оскорблял Евсея. Когда же он сам огорчался своими ошибками, они утешали его:

- Привыкнешь! Пройдёт!

Он плохо понимал, когда шпионы занимаются своими делами, ему казалось, что большую часть дня они проводят в трактирах, а на разведки посылают таких скромных людей, как он.

Ему было известно, что сзади всех, кого он знает, стоят ещё другие шпионы, отчаянные, бесстрашные люди, они вертятся среди революционеров, их называют провокаторами, - они-то и работают больше всех, они и направляют всю работу. Их мало, начальство очень ценит таких людей, а уличные шпионы единодушно не любят их за гордость и завидуют им.

Однажды Грохотов указал Евсею на улице одного из таких людей.

- Глядите, Климков!

По тротуару шёл высокий плотный мужчина с белокурыми волосами. Волосы он зачесал назад, они красиво падали из-под шляпы на плечи, лицо у него было большое, благородное, с пышными усами. Одетый солидно, он оставлял впечатление важного, сытого барина.

- Вот какой! - с гордостью сказал Грохотов. - Хорош? Гвардия наша, да-а! Двенадцать человек бомбистов выдал, сам с ними бомбы готовил - хотели министра взорвать - сам их всему научил и выдал! Ловко?

- Да-а! - сказал Евсей, удивлённый солидностью этого человека.

- Вот они какие, настоящие-то! - говорил Грохотов. - Он сам в министры годится, - имеет фигуру и лицо! А мы что? Голодного барина нищий народ...

Готовый служить всем и каждому за добрый взгляд и ласковое слово, Климков покорно бегал по городу, следил, расспрашивал, доносил, и если угождал, то искренно радовался. Работал он много, сильно уставал, думать ему было некогда.

Серьёзный Маклаков казался Евсею лучше, чище всех людей, каких он видел до этой поры. Его всегда хотелось о чём-то спросить, хотелось что-то рассказать ему о себе - такое привлекательное лицо было у этого молодого шпиона.

Иногда он спрашивал:

- Тимофей Васильевич, а революционеры сколько получают в месяц? Светлые глаза Маклакова покрывались лёгкой тенью.

- Вздор ты говоришь! - негромко, но сердито отвечал он.

XII

Дни шли быстро, суетливо, однообразно; Евсею казалось, что так они и пойдут далеко в будущее, наполненные уже привычною беготнёю, знакомыми речами.

Но среди зимы вдруг всё вздрогнуло, пошатнулось, люди тревожно раскрыли глаза, замахали руками, начали яростно спорить, ругаться и как-то растерянно затоптались на одном месте, точно тяжело ушибленные и ослепшие от удара.

Началось это с того, что однажды вечером, придя в охранное отделение со спешным докладом о своих расспросах, Климков встретил там необычное и непонятное: чиновники, агенты, писаря и филёры как будто надели новые лица, все были странно не похожи сами на себя, чему-то удивлялись и как будто радовались, говорили то очень тихо, таинственно, то громко и злобно. Бессмысленно бегали из комнаты в комнату, прислушиваясь к словам друг друга, подозрительно прищуривали тревожные глаза, покачивая головами, вздыхали, вдруг останавливались и снова все сразу начинали спорить. Казалось, что в комнате широкими кругами летает вихрь страха и недоумения, он носит людей, как сор, сметает в кучи и разбрасывает во все углы, играя бессилием их. Климков, стоя в углу, смотрел пустыми глазами на это смятение и напряжённо слушал.

Согнув крепкую шею, вытягивая вперёд голову, Мельников хватает людей за плечи волосатой рукой.

- Почему же это народ? - раздаётся его низкий, глухой голос.

- Свыше ста тысяч, сказано...

- Убитых - сотни! Раненых! - кричит Соловьев.

И откуда-то доносится противный, режущий ухо голос Саши:

- Попа надо было поймать. Прежде всего, идиоты!

Раскидывая косые глаза во все стороны, идет Красавин, он заложил руки за спину и кусает губы. Рядом с Евсеем встал тихонький Веков и, перебирая пальцами пуговицы своего жилета, сказал:

- Вот до чего достигли, - господи боже мой! Кровопролитие, а?

- Что случилось? - также тихо спросил Евсей. Веков осторожно оглянулся, взял Климкова за рукав и вполголоса сообщил:

- Вчера в Петербурге народ со священником и хоругвями пошёл до государя императора - понимаете - а его не допустили, войско выставлено было, и произошло кровопролитие...

Мимо них пробежал красивый, солидный господин Леонтьев, он взглянул на Векова сквозь стёкла пенсне и спросил:

- Где Филипп Филиппович?

Веков, вздрогнув, убежал за ним. Евсей закрыл глаза и, во тьме, старался понять смысл сказанного. Он легко представил себе массу народа, идущего по улицам крестным ходом, но не понимал - зачем войска стреляли, и не верил в это. Волнение людей захватывало его, было неловко, тревожно, хотелось суетиться вместе с ними, но, не решаясь подойти к знакомым шпионам, он подвигался всё глубже в угол.

Мимо него шмыгали агенты, казалось, что все они тоже ищут уютного уголка, чтобы встать в нём и собраться с мыслями.

Маклаков, сунув руки в карманы, исподлобья смотрел на всех. К нему подошёл Мельников.

- Это из-за войны?

- Не знаю...

- Чего они просили?

- Конституции! - ответил Маклаков.

Угрюмый шпион отрицательно покачал головой.

- Не верю...

Мельников, точно медведь, повернулся, пошёл прочь, ворча:

- Ничего не понимает никто...

Евсей подвинулся к Маклакову, тот взглянул на него.

- Что?

- Рапорт...

Маклаков отмахнулся от него рукой.

- Какие сегодня рапорты!

- Тимофей Васильевич, что значит - конституция?

- Другой порядок жизни! - негромко ответил шпион. К нему подбежал Соловьев, потный, красный.

- Не слыхал - будут командировки в Петербург? Я думаю - должны быть, такое событие! Ведь это бунт, а? Настоящий бунт! Крови-то сколько пролили! Что такое?

В голове Евсея медленно переворачивались, повторяясь, слова Маклакова:

"Другой порядок жизни..."

Они задели его за сердце, вызвав острое желание войти в их смысл. Но всё кругом вертелось, мелькало, и надоедливо звучал сердитый гулкий голос Мельникова:

- Надо знать - какой народ? Одно дело - рабочие люди, другое - просто жители. Это нужно различать...

А Красавин чётко говорил:

- Если даже и народом начат бунт против государя, то уже - народа нет, а только бунтовщики...

- Погоди... а когда тут обман?..

- Эй, чёрт! - зашептал Зарубин, подбегая к Евсею. - Вот так я попал в дело!.. Идём, расскажу!

Климков молча шагнул за ним, но остановился.

- Куда идти?

- В портерную в одну. Понимаешь, - там есть девица Маргарита, а у неё знакомая модистка, а у этой модистки на квартире по субботам книжки читают, студенты и разные этакие...

- Я не пойду! - сказал Евсей.

- Эх ты, - у!

Лента странных впечатлений быстро опутывала сердце, мешая понять то, что происходит. Климков незаметно ушёл домой, унося с собою предчувствие близкой беды. Она уже притаилась где-то, протягивает к нему неотразимые руки, наливая сердце новым страхом. Климков старался идти в тени, ближе к заборам, вспоминая тревожные лица, возбуждённые голоса, бессвязный говор о смерти, о крови, о широких могилах, куда, точно мусор, сваливались десятки трупов.

Дома он встал у окна и долго смотрел на жёлтый огонь фонаря, - в полосу его света поспешно входили какие-то люди и снова ныряли во тьму. В голове Евсея тоже слабо засветилась бледная узкая полоса робкого огня, через неё медленно и неумело проползали осторожные, серые мысли, беспомощно цепляясь друг за друга, точно вереница слепых.

В бреду шли дни, наполненные страшными рассказами о яростном истреблении людей. Евсею казалось, что дни эти ползут по земле, как чёрные, безглазые чудовища, разбухшие от крови, поглощённой ими, ползут, широко открыв огромные пасти, отравляя воздух душным, солёным запахом. Люди бегут и падают, кричат и плачут, мешая слёзы с кровью своей, а слепые чудовища уничтожают их, давят старых и молодых, женщин и детей. Их толкает вперёд на истребление жизни владыка её - страх, сильный, как течение широкой реки.

Это случилось далеко, в городе, неизвестном Евсею, но он знал, что страх живёт везде, он чувствовал его всюду вокруг себя.

Никто не понимал события, никто не мог объяснить его, оно встало перед людьми огромной загадкой и пугало их. Шпионы с утра до вечера торчали на местах своих свиданий, читали газеты, толклись в канцелярии охраны, спорили и тесно жались друг к другу, пили водку и нетерпеливо ждали чего-то.

- Кто-нибудь может объяснить правду? - спрашивал Мельников.

Через несколько дней, вечером, они собрались в охранном отделении, и Саша резко сказал:

- Довольно болтать ерунду! Это японский план, японцы дали восемнадцать миллионов попу Гапону, чтобы возбудить в народе бунт, - поняли? Народ напоили по дороге ко дворцу, революционеры приказали разбить несколько винных лавок - понятно?

И он окидывал всех красными глазами, как будто искал среди слушателей несогласных с ним.

- Они думали, что государь, любя народ, выйдет к нему, а в это время решено было убить его. Ясно?

- Ясно! - крикнул Яков Зарубин и стал что-то записывать в свою книжку.

- Болван! - сурово сказал Саша. - Я не тебя спрашиваю. Мельников, понимаешь?

Мельников сидел в углу, схватив голову руками, и качался, точно у него болели зубы. Не изменяя позы, он ответил:

- Обман! - Голос его тупо ударился в пол, точно упало что-то тяжёлое и мягкое.

- Ну да, обман! - повторил Саша и снова начал говорить быстро и складно. Иногда он осторожно дотрагивался до своего лба, потом, посмотрев на пальцы, отирал их о колено. Евсею казалось, что даже слова его пропитаны гнилым запахом; понимая всё, что говорил шпион, он чувствовал, что эта речь не стирает, не может стереть в его мозгу тёмных

93

дней праздника смерти. Все молчали, изредка покачивая головами, никто не смотрел друг на друга, было тихо, скучно, слова Саши долго плавали по комнате над фигурами людей, никого не задевая.

- А если было известно, что народ обманут, - зачем его убивать? неожиданно спросил Мельников.

- Дурак! - крикнул Саша. - Тебе скажут, что я любовник твоей жены, а ты напьёшься и полезешь с ножом на меня, - что я должен делать? На, бей, хотя тебе наврали и я не виноват...

Мельников вдруг встал, вытянулся и зарычал:

- Не лай, собака!

Евсей покачнулся от его слов, а сидевший рядом с ним тонкий и слабый Веков боязливо прошептал:

- О, господи! Держите его...

Саша оскалил зубы, сунул руку в карман, отшатнулся назад. Все остальные - их было много - сидели молча, неподвижно и ждали, следя за рукою Саши. Мельников взмахнул шапкой и не спеша пошёл к двери.

- Не боюсь я твоего пистолета...

Он с шумом хлопнул дверью, Веков встал, запер её и, возвращаясь на своё место, проговорил:

- Какой опасный мужчина...

- Итак, - продолжал Саша, вынув из кармана револьвер и рассматривая его, - завтра с утра каждый должен быть у своего дела - слышали? Имейте в виду, что теперь дела будет у всех больше, - часть наших уедет в Петербург, это раз; во-вторых - именно теперь вы все должны особенно насторожить и глаза и уши. Люди начнут болтать разное по поводу этой истории, революционеришки станут менее осторожны - понятно?

Благообразный Грохотов громко вздохнул и проговорил:

- Если так - японцы, деньги большие, - то, конечно, это объясняет!

- Без объяснения очень трудно! - сказал кто-то.

- Все очень интересуются этим бунтом...

Голоса звучали вяло, с натугой.

- Ну, теперь вы знаете, в чём дело и как надо говорить с болванами! сердито сказал Саша. - А если какой-нибудь осёл начнёт болтать - за шиворот его, свисти городового и - в участок! Туда даны указания, что надо делать с этим народом. Эй, Веков или кто-нибудь, позвоните, пусть мне принесут сельтерской!

К звонку бросился Яков Зарубин.

- Н-да-а, - задумчиво протянул Грохотов. - А всё-таки они - сила! Сто тысяч народу поднять...

- Глупость - легка, поднять её не трудно! - перебил его Саша. Поднять было чем - были деньги. Дайте-ка мне такие деньги, я вам покажу, как

94

надо делать историю! - Саша выругался похабною руганью, привстал на диване, протянул вперед жёлтую, худую руку с револьвером в ней, прищурил глаза и, целясь в потолок, вскричал сквозь зубы, жадно всхлипнувшим голосом: - Я бы показал...

Евсею всё казалось бессильным, ненужным, как редкие капли дождя для пламени пожара; всё это не угашало страха, не могло остановить тихий рост предчувствия беды.

В эти дни, незаметно для него, в нём сложилось новое отношение к людям, - он узнал, что одни могут собраться на улицах десятками тысяч и пойти просить помощи себе у богатого и сильного царя, а другие люди могут истреблять их за это. Он вспомнил всё, что говорил Дудка о нищете народа, о богатстве царя, и был уверен, что и те и другие поступают так со страха одних пугает нищенская жизнь, другие боятся обнищать. Но всё же люди удивили его своей отчаянной смелостью и вызвали в нём чувство, до сей поры незнакомое ему.

Теперь, шагая по улице с ящиком на груди, он по-прежнему осторожно уступал дорогу встречным пешеходам, сходя с тротуара на мостовую или прижимаясь к стенам домов, но стал смотреть в лица людей более внимательно, с чувством, которое было подобно почтению к ним. Человеческие лица вдруг изменились, стали значительнее, разнообразнее, все начали охотнее и проще заговаривать друг с другом, ходили быстрее, твёрже.

XIII

Евсей часто бывал в одном доме, где жили доктор и журналист, за которыми он должен был следить. У доктора служила кормилица Маша, полная и круглая женщина с весёлым взглядом голубых глаз. Она была ласкова, говорила быстро, а иные слова растягивала, точно пела их. Чисто одетая в белый или голубой сарафан, с бусами на голой шее, пышногрудая, сытая, здоровая, она нравилась Евсею.

Он увидал её дней через пять после того, как Саша объяснил причины бунта. Маша сидела на постели в комнате кухарки, лицо у неё опухло, нижняя губа смешно оттопырилась.

- Здравствуй! - сердито сказала она. - Не надо ничего, - иди! Не надо...

- Хозяева обидели? - спросил Евсей.

Он чувствовал, что это не так, но считал себя обязанным службою спросить именно об этом. Вынужденно вздохнул и добавил:

- На них всю жизнь работай...

Худая, сердитая кухарка вдруг закричала:

- Зятя у неё убили!.. А сестру нагайками исхлестали, в больницу легла...

- В Петербурге? - тихо осведомился Климков.

- Ну да...

Маша набрала полную грудь воздуха и протяжно застонала.

- Господи! Переплётчик; смирный, непьющий, - по сорок рублей в месяц добывал. Таню избили, а она - на сносях. Мужеву товарищу... ногу прострелили... Всех убили, всех изувечили, окаянные, чтобы им ни сна, ни отдыха!

Она долго, злобно взвизгивала, растрёпанная, жалкая, а потом свалилась на постель и, воткнув в подушки голову, глухо застонала, вздрагивая.

- Дядя прислал ей письмо, - говорила кухарка, бегая от плиты к столу и обратно. - Что пишет! Вся наша улица письмо это читает, никто не может понять! Шёл народ с иконами, со святыми, попы были - всё по-христиански... Шли к царю они, - дескать, государь, отец, убавь начальства, невозможно нам жить при таком множестве начальников, и податей не хватает на жалованье им, и волю они взяли над нами без края, что пожелают, то и дерут. Честно, открыто всё было, и вся полиция знала, никто не мешал... Пошли, идут, и вдруг - давай в них стрелять! Окружили их со всех концов и стреляют, и рубят, и конями топчут. Два дня избивали насмерть, ты подумай!

Её неприятный голос опустился до шёпота, стало слышно, как шипит масло на плите, сердито булькает, закипая, вода в котле, глухо воет огонь и стонет Маша. Евсей почувствовал себя обязанным ответить на острые вопросы кухарки, ему хотелось утешить Машу, он осторожно покашлял и сказал, не глядя ни на кого:

- Говорят - японцы это устроили...

- Та-ак! - иронически вскричала кухарка. - Вот-вот, - японцы, как же! Знаем мы этих японцев. Барин наш объяснял, кто они такие, да! Скажи-ка ты брату моему про японцев, он тоже знает, как их зовут. Подлецы, а не японцы...

По рассказам Мельникова Евсею было известно, что брат кухарки, Матвей Зимин, служит на мебельной фабрике и читает запрещённые книжки. И вдруг Евсею захотелось сказать, что полиции известна неблагонадёжность Зимина.

Но в эту минуту Маша вскочила с постели и, поправляя волосы, закричала:

- Нечем оправдаться - выдумали японцев!..

- Сво-олочи! - протянула кухарка. - Вчера, на базаре, тоже какой-то насчёт японцев проповедь говорил... Старичок один послушал его, да как начал сам - и про генералов и про министров, - без стеснения! Нет, народ не обманешь!

Глядя на пол, Климков молчал. Желание сказать кухарке о надзоре за её братом исчезло. Невольно думалось, что каждый убитый имеет родных, и теперь они - вот так же - недоумевают, спрашивают друг друга: за что? Плачут, а в сердцах у них растёт ненависть к убийцам и к тем, кто старается оправдать преступление. Он вздохнул и сказал:

- Страшное дело сделано...

Думая про себя:

"Мне ведь тоже надо защищать начальство..."

Маша толкнула ногой дверь в кухню, и Евсей остался один с кухаркой. Она покосилась на дверь и ворчливо говорила:

- Убивается женщина, молоко даже спортилось у неё, третий день не кормит! Ты вот что, торговец, в четверг, на той неделе, рождение её, кстати я тоже именины свои праздновать буду, - так ты приходи-ка в гости к нам, да подари ей хоть бусы хорошие. Надо как-нибудь утешить!

- Я приду!

Климков ушёл, взвешивая в уме всё, что говорили Женщины. Речи кухарки были слишком крикливы, бойки, сразу чувствовалось, что она говорит не от себя, а чужое; горе Маши не трогало его. Но он понимал, что эти речи были необычны, не по-человечески смелы. У Евсея было своё объяснение события: страх толкнул людей друг против друга, и тогда вооружённые и обезумевшие истребили безоружных и безумных. Но это объяснение не успокаивало души, он видел и слышал, что люди как будто начинают освобождать себя из плена страха, упрямо ищут виноватых, находят их и осуждают. Всюду появилось множество тайных листков, в них революционеры описывали кровавые дни в Петербурге и ругали царя, убеждая народ не верить правительству. Евсей прочитал несколько таких листков, их язык показался ему непонятным, но он почувствовал в этих бумажках опасное, неотразимо входившее в сердце, насыщая его новой тревогой. И решил больше не читать их.

Было строго приказано найти типографию, в которой печатались листки, переловить людей, которые раскидывали их; Саша ругался и даже ударил за что-то Векова по лицу. Филипп Филиппович стал приглашать по вечерам агентов и беседовал с ними. Обыкновенно он сидел среди комнаты за столом, положив на него руки, разбрасывал по столу свои длинные пальцы и всё время тихонько двигал ими, щупая карандаши, перья, бумагу; на пальцах у него разноцветно сверкали какие-то камни, из-под чёрной бороды выглядывала жёлтая большая медаль; он медленно ворочал короткой шеей, и бездонные, синие стёкла очков поочерёдно присасывались к лицам людей, смирно и молча сидевших у стен. Он никогда почти не вставал с кресла, у него двигались только пальцы да шея; толстое лицо казалось нарисованным, борода приклеенной. Пухлый и белый, он был солиден, когда молчал, но как только раздавался его тонкий, взвизгивающий голос, похожий на пение железной пилы, когда её точит подпилок, всё на нём - чёрный сюртук и орден, камни и борода - становилось чужим и лишним. Иногда Евсей думал, что перед ним сидит искусно сделанная кукла, а в ней спрятан маленький, сморщенный человечек, похожий на чёртика, и что, если на эту куклу громко крикнуть, чёртик испугается, выскочит из неё и убежит, прыгнув в окно.

Но он боялся Филиппа Филипповича и, чтобы не привлечь на себя заглатывающего взгляда его синих очков, сидел возможно дальше от него и тоже всё время старался не двигаться.

- Господа! - дрожал в воздухе тонкий голос. - Вы должны запомнить слова мои. Каждый должен весь свой ум, всю душу вложить в борьбу с тайным, хитрым врагом. В борьбе за жизнь вашей матери России все средства позволены. Революционеры не брезгуют ничем, не стесняются и убийством. Вспомните, сколько погибло ваших товарищей от их руки. Я не говорю вам убивайте, нет, конечно, убить человека немудрено, это может сделать всякий дурак. Закон - с вами, вы идёте против беззаконников, щадить их преступно, их надо искоренять, как вредную траву. Вы должны сами догадываться о том, как вернее и лучше задушить нарождающуюся революцию... Этого требует царь и родина...

Помолчав, он взглянул на свои кольца.

- У вас мало энергии, мало любви к делу. Например: вы прозевали старого революционера Сайдакова; мне известно, что он прожил у нас в городе три с половиною месяца. Второе, вы до сей поры не можете найти типографию...

Кто-то обиженно сказал:

- Без провокаторов - трудно...

- Прошу не прерывать! Я сам знаю, что трудно и что легко! Вы до сей поры не можете собрать серьёзных улик против целого ряда лиц, известных своим крамольным духом, не можете дать оснований для их ареста...

- А вы - без оснований! - сказал Пётр и засмеялся.

- К чему эти шутки? Я говорю серьёзно. Если мы арестуем их без оснований, мы должны будем выпустить их, - только и всего. А лично вам, Пётр Петрович, я замечу, что вы уже давно обещали мне нечто - помните?.. Точно так же и вы, Красавин, говорили, что вам удалось познакомиться с человеком, который может провести вас к террористам, - ну, что же?..

- Жулик он, человек-то! Да вы подождите, я своё дело сделаю!.. спокойно отозвался Красавин.

- Не сомневаюсь, но прошу всех вас понять, что мы должны работать энергичнее. Надо торопиться!

Говорил он долго, иногда целый час, не отдыхая, спокойно, одним и тем же голосом и только слова - должен, должны - произносил как-то особенно, в два удара: сперва звонко выкрикивал: - "доллл..." - и, шипящим голосом оканчивая: - "жженн", - обводил всех синими лучами стеклянного взгляда. Это слово хватало Евсея за горло и душило.

А шпионы, после беседы, говорили друг с другом:

- Крещёный жид, а поди-ка ты...

- Ему с Нового года ещё прибавили шестьсот рублей...

Иногда вместо Филиппа с шпионами беседовал красивый, богато одетый господин Леонтьев. Он не сидел, а расхаживал по комнате, держа руки в карманах, вежливо сторонился от всех, его гладкое лицо было холодно и брезгливо, тонкие губы двигались неохотно, он всегда хмурился, и глаз его не было видно. Приезжал из Петербурга господин Ясногурский, широкоплечий, низенький, лысый, с орденом на груди. У него был огромный рот, дряблое лицо, тяжёлые глаза, точно два маленькие камня, и длинные руки. Говоря, он громко чмокал губами, щедро сыпал крепкие похабные ругательства, и Евсею особенно глубоко запомнилась одна его фраза:

- Они говорят народу: ты можешь устроить для себя другую, лёгкую жизнь. Врут они, дети мои! Жизнь строит государь император и святая наша церковь, а люди ничего не могут изменить, ничего!..

Все говорили об одном - нужно служить усерднее, нужно быть ловчее, потому что революционеры становятся всё более сильны. Иногда рассказывали о царях, о том, как они умны и добры, как боятся и ненавидят их иностранцы за то, что русские цари всегда освобождали разные народы из иностранного плена - освободили болгар и сербов из-под власти турецкого султана, хивинцев, бухар и туркмен из-под руки персидского шаха, маньчжуров от китайского царя. А немцы, англичане и японцы недовольны этим, они хотели бы забрать освобождённые Россией народы в свою власть, но знают, что царь не позволит им сделать это, - вот почему

они ненавидят царя и, желая ему всякого зла, стараются устроить в России революцию.

Евсей, слушая эти речи, ждал, когда будут говорить о русском народе и объяснят: почему все люди неприятны и жестоки, любят мучить друг друга, живут такой беспокойной, неуютной жизнью, и отчего такая нищета, страх везде и всюду злые стоны? Но об этом никто не говорил.

После одной из бесед Веков сказал Евсею, идя с ним по улице:

- Значит - входят они в силу, слышал ты?.. Невозможно понять - что такое? Тайные люди, живут негласно - и вдруг начинают всё тревожить, - так сказать - всю жизнь раскачивают. Трудно сообразить - откуда же сила?

Мельников, теперь ещё более угрюмый и молчаливый, похудевший и растрёпанный, однажды ударил кулаком по колену и зарычал:

- Желаю знать - где правда?

- Что такое? - сердито спросил Маклаков.

- Что? Вот что - я так понимаю - одно начальство ослабело, наше начальство. Теперь поднимается на народ другое. Больше ничего!..

- И вышел вздор! - сказал Маклаков, смеясь. Мельников посмотрел на него и вздохнул.

- Не ври, Тимофей Васильевич... Врёшь ты... Умный, а врёшь.

Речи о революционерах западали в голову Климкова, создавая там тонкий слой новой почвы для роста мыслей; эти мысли беспокоили, куда-то тихо увлекали...

XIV

Идя в гости к Маше, он вдруг сообразил: "Познакомлюсь со столяром сегодня... Революционер..."

Он пришёл первым, подарил Маше голубые бусы, Анфисе роговую гребёнку; они, довольные подарками, наперебой угощали его чаем и наливкой. Маша, красиво выгибая полную белую шею, заглядывала в лицо ему с доброй улыбкой, и глаза её мягко ласкали его сердце. Анфиса, разливая чай, спрашивала:

- Ну, купец наш тороватый, когда же мы на твоей свадьбе гулять будем?

Евсей конфузился и, стараясь не показывать этого, доверчиво рассказывал:

- Жениться я не решусь, - это очень трудно...

- Трудно? Ах ты, скромница... Марья, слышишь? Трудно, говорит, жениться-то...

Маша улыбалась в ответ на громкий смех кухарки, искоса поглядывая на Климкова.

- Может, они трудность по-своему понимают...

- Я - по-своему!.. - сказал Евсей, поднимая голову. - Я, видите ли, насчёт того, что человека найти трудно, - чтобы жить душа в душу и друг друга не бояться. Чтобы верить человеку...

Маша села рядом с ним, он покосился на её шею, грудь, вздохнул...

"А если сказать им - где я служу?.."

Испуганный этим желанием, он быстрым усилием задавил его и, повысив голос, торопливо продолжал:

- Если человек не понимает жизнь, то лучше пусть он один остаётся...

- Одному - очень трудно! - сказала Маша и налила ему рюмку наливки. Выкушайте!

Евсею хотелось говорить много и открыто, он видел, что его слушают охотно, и это, вместе с двумя рюмками вина, возбуждало его. Но пришла горничная журналиста, Лиза, тоже возбуждённая, и сразу овладела вниманием Анфисы и Маши. Косая на левый глаз, бойкая, красиво причёсанная и ловко одетая, она казалась хорошенькой и бесстыдной.

- Мои идолы созвали гостей на сегодня и не хотят меня отпускать! - говорила она, усаживаясь. - Ну, нет, говорю, уж как вам угодно...

- Много гостей? - скучно спросил Климков, вспомнив свои обязанности.

- Мно-ого! Да ведь это какие гости? Никогда никто гривенника в руку не сунет. Даже в Новый год и то два рубля тридцать копеек собрала я на чай с них...

- Небогатые, значит? - спрашивал Евсей.

- Ну, какое богатство? Ни у кого галош крепких нету...

- Кто же они, служащие?

- Разные. Иной в газете пишет, другой просто студент, - ах, какой один хорошенький есть! Чернобровый, кудрявый, с усиками, зубы белые, ровные, весёлый-развесёлый. Недавно приехал из Сибири, всё про охоту рассказывает...

Евсей взглянул на Лизу и опустил голову; хотелось сказать ей:

"Перестаньте!.."

Но вместо этого он тихо спросил:

- Сослан был?

- Кто его знает! Мои господа тоже были ссыльные.

- Кого теперь не ссылают! - воскликнула кухарка. - Жила я у Попова, инженера; богатый человек, свой дом имел, лошадей, жениться собирался, вдруг пришли ночью жандармы - цап!.. И заслали его в Сибирь...

- Я господ своих не осуждаю! - перебила её Лиза. - Нисколько. Они хорошие люди, не ругаются, не жадные... И всё они знают, обо всём говорят...

Евсей беспомощно посмотрел на румяное лицо Маши и подумал:

"Молчала бы, дура..."

- И у нас господа тоже всё понимают! - заявила Маша с гордостью.

- Когда случилось это - бунт в Петербурге, - оживлённо начала Лиза, так у нас все ночи напролёт говорили...

- Ведь и наши были у вас! - снова заметила кормилица.

- Были, были! Много народу было! И говорили они, и писали жалобы, а один даже заплакал, ей-богу!

- Заплачешь! - сказала кухарка, вздыхая.

- Схватил себя за голову и рыдает - несчастная, говорит, Россия! Воды ему давали. Даже мне жалко его, тоже заплакала...

Маша испуганно оглянулась.

- Господи, - как вспомню я сестрицу...

Встала и ушла в комнату кухарки. Женщины сочувственно посмотрели вслед ей, а Климков облегчённо вздохнул и против своего желания спросил Лизу, скучно и с натугой:

- Кому же они жалобы писали?

- Уж не знаю! - ответила Лиза.

- А Марья плакать пошла! - заметила кухарка.

Дверь отворилась, и, покашливая, вошёл брат кухарки.

- Холодновато! - сказал он, снимая с шеи красный шарф.

- А вот, выпей скорее...

- Следует! Здравствуй и поздравляю.

Тонкий, он двигался свободно, не торопясь, а в голосе у него звучало что-то важное, не сливавшееся с его светлой бородкой и острым черепом. Лицо у него было маленькое, худое, скромное, глаза большие, карие.

"Революционер!" - напомнил себе Евсей, молча пожимая руку столяра. И заявил: - Мне пора идти...

- Куда? - вскричала кухарка, схватив его за руку. - Ты, купец, не ломай компании...

Зимин взглянул на Евсея и задумчиво сказал:

- Вчера у нас на фабрике ещё заказ взяли. Гостиную, кабинет, спальню. Всё - военные заказывают. Наворовали денег и хотят жить в новом стиле...

"Ну, вот! - с досадой воскликнул мысленно Евсей. - Сразу начал, - ах, господи!"

Не представляя, к чему поведёт его вопрос, он спросил столяра:

- А у вас на фабрике революционеры есть?

Точно уколотый, Зимин быстро повернулся к нему и посмотрел в глаза. Кухарка нахмурилась и сказала негромко и недовольно:

- Говорят, они везде теперь есть...

- От ума это или от глупости? - спросила Лиза.

Не выдержав тяжёлый и пытливый взгляд столяра, Климков медленно опустил голову. Вежливо, но строго Зимин осведомился:

102

- Вас почему это интересует?

- Я - без интереса! - вяло ответил Евсей.

- Зачем же вы спрашиваете?

- Так! - сказал Евсей, а через несколько секунд прибавил: - Из вежливости...

Столяр улыбнулся.

Евсею казалось, что три пары глаз смотрят на него подозрительно и сурово. Было неловко, и что-то горькое щипало в горле. Вышла Маша, виновато улыбаясь, оглянула всех, и улыбка исчезла с её лица.

- Что это вы?

"Это - от вина!" - мелькнуло в голове Евсея. Он встал на ноги, покачнулся и заговорил:

- Я спросил потому, что давно хотел сказать вашей сестре про вас...

Зимин тоже встал, лицо его сморщилось, пожелтело, он спокойно спросил:

- Что - сказать- про меня?

До слуха Евсея дошёл тихий шёпот Маши:

- Из-за чего они?

- Я знаю, - говорил Евсей, и ему казалось, что он поднялся с пола на воздух, качается в нём, лёгкий, как перо, и всё видит, всё замечает с удивительной ясностью, - что за вами следит агент охранного отделения...

Кухарка покачнулась на стуле, изумлённо и испуганно воскликнув:

- Ма-атвей?..

- Позволь! - сказал Зимин, успокоительно проведя рукой перед её лицом.

Потом он решительно и строго приказал:

- Вот что, молодой человек, - вам надо идти домой! И мне. Одевайтесь...

Евсей улыбался. Он всё ещё чувствовал себя пустым и лёгким, это было приятно. Он плохо помнил, как ушёл, но не забыл, что все молчали и никто не сказал ему - прощай...

На улице Зимин толкал его плечом в плечо и говорил негромко, отчётливым голосом:

- Прошу вас к сестре моей больше не ходить...

- Разве я вас обидел? - спросил Евсей.

- Вы кто такой?

- Я торгую...

- А откуда вам известно, что следят за мной?

- Знакомый сказал...

- Шпион?

- Да...

- А вы тоже шпион?

- Нет, - сказал Евсей.

Но, взглянув в лицо Зимина, бледное и худое, вспомнил глуховатый спокойный звук его голоса и без усилия поправился:

- Тоже...

Несколько шагов молчали.

- Ну, идите! - сказал Зимин, вдруг останавливаясь. Голос его прозвучал негромко, он странно потряс головой.

- Ступайте...

Евсей прислонился спиной к забору и смотрел на столяра, мигая глазами. Зимин тоже рассматривал его, покачивая правую руку.

- Ведь вот, - недоумённо сказал Евсей, - вам сказал правду, что за вами следят...

- Ну?

- А вы сердитесь...

Столяр наклонился к нему и облил Климкова волною шипящих слов.

- Да чёрт с вами, - я и без вас знаю, что следят, ну? Что, - дела плохо идут? Думал меня подкупить да из-за моей спины предавать людей? Эх ты, подлец!.. Или хотел совести своей милостыню подать? Иди ты к чёрту, иди, а то в рожу дам!

Евсей отвалился от забора и пошёл.

- Га-адина! - услышал он сзади себя брезгливый вздох.

Климков повернулся и первый раз в жизни обругал человека во всю силу своего голоса.

- Сам гадина! Сукин сын...

Столяр не ответил, и шагов его не было слышно. Где-то ехал извозчик, под полозьями саней взвизгивал снег, скрежетали камни.

"Назад пошёл туда", - соображал Климков, медленно шагая по тротуару.

Он сплюнул, потом тихонько запел:

Уж ты сад ли мой сад...

И снова остановился у фонаря, чувствуя, что надо утешить себя.

"Вот я иду и могу петь... Услышит городовой - ты чего орёшь? Сейчас я ему покажу мой билет... Извините, скажет. А запоёт столяр - его отправят в участок. Не нарушай тишины..."

Климков усмехнулся, глядя в темноту.

"Да, брат? Ты - не запоёшь..."

Это не успокоило, на сердце было печально, горькая, мыльная слюна оклеивала рот, вызывая слёзы на глазах.

Уж ты са-ад ли мой са-ад,

Да сад зелёный мо-ой...

- Запел он всей грудью, а глаза крепко закрыл. Но и это не помогло, сухие, колючие слёзы пробивались сквозь веки и холодили кожу щёк.

- Из-звозчик! - низким голосом крикнул Климков, всё ещё бодрясь. Но когда он сел в сани, в нём как будто сразу лопнуло множество туго натянутых жилок, голова опустилась, и, качаясь в санях, он забормотал:

- Хорошо обидели, - очень крепко!.. Спасибо! Э-эх, добрые люди, умные люди...

Эта жалоба была приятна, она насыщала сердце охмеляющей сладостью, которую Евсей часто испытывал в детстве, - она ставила его против людей в мученическую позу и делала более заметным для себя самого.

XV

Утром, лёжа в постели, он, нахмурившись, смотрел в потолок и, вспоминая происшедшее, уныло думал: "Нет, надо не за людьми, а за собой следить..." Мысль показалась ему странной.

"Разве я злодей сам себе?"

Начал лениво одеваться, заставляя себя думать о задаче дня, - он должен был идти в фабричную слободу.

Светило солнце, с крыш говорливо текла вода, смывая грязный снег, люди шагали быстро и весело. В тёплом воздухе протяжно плавал добрый звон великопостных колоколов, широкие ленты мягких звуков поднимались и улетали из города в бледно-голубые дали...

"Теперь идти бы куда-нибудь, - полями, пустынями!" - думал Евсей, входя в тесные улицы фабричной слободки. Вокруг него стояли красноватые, чумазые стены, небо над ними выпачкано дымом, воздух насыщен запахом тёплого масла. Всё вокруг было неласково, глаза уставали смотреть на прокопчённые каменные клетки для работы.

Климков зашёл в трактир, сел за столик у окна, спросил себе чаю и начал прислушиваться к говору людей. Их было немного, всё рабочие, они ели и пили, лениво перебрасываясь краткими словами, и только откуда-то из угла долетал молодой, неугомонный голос:

- Ты подумай - откуда богатство?

Евсей с досадой отвернулся. Он нередко слышал речи о богатстве и всегда испытывал при этом скучное недоумение, чувствуя в этих речах только зависть и жадность. Он знал, что именно такие речи считаются вредными.

- Работаешь ты - дёшево, а покупаешь товар - дорого, верно ли? Всякое богатство накоплено из денег, которые нам за работу нашу недоплачены. Давай, возьмём пример...

"Жадные все!" - думал Евсей.

Насыщая себя приятной горечью порицания людей, он уже ничего не слушал, не видел. Вдруг над ухом его раздался весёлый голос:

- Климков, что ли?

Он быстро вскинул голову, перед ним стоял кудрявый парень, - кто это?

- Не узнаёшь? А - Якова помнишь? Двоюродные братья мы...

Парень засмеялся и сел за стол. Его смех окутал Климкова тёплым облаком воспоминаний о церкви и тихом овраге, о пожаре и речах кузнеца. Молча, смущённо улыбаясь, он осторожно пожал руку брата.

- Не узнал я...

- Понятно! - воскликнул Яков. - А я тебя - сразу! Ты - как был, так и остался... чего делаешь?

Климков отвечал осторожно - нужно было понять, чем опасна для него эта встреча? Но Яков говорил за двоих, рассказывая о деревне так поспешно, точно ему необходимо было как можно скорее покончить с нею. В две минуты он сообщил, что отец ослеп, мать всё хворает, а он сам уже три года живёт в городе, работая на фабрике.

- Вот и вся жизнь.

Яков был как-то особенно густо и щеголевато испачкан сажей, говорил громко, и, хотя одежда у него была рваная, казалось, что он богат. Климков смотрел на него с удовольствием, беззлобно вспоминал, как этот крепкий парень бил его, и в то же время боязливо спрашивал себя:

"Революционер?"

- Ну, как живётся?

- А тебе - как?

- Работать - трудно, жить - легко! Так много работы - жить время нет!.. Для хозяина - весь день, вся жизнь, а для себя - минуты! Книжку почитать некогда, в театр пошёл бы, а - когда спать? Ты книжки читаешь?

- Я? Нет...

- Ну да, - нет времени! Хотя я всё-таки успеваю. Тут такие есть книжки - возьмёшь её и весь замрёшь, словно с милой любовницей обнимаешься, право... Ты насчёт девиц - как? Счастливый?

- Ничего! - сказал Евсей.

- Меня - любят! Девицы здесь тоже, - ах ты! В театр ходишь?

- Бывал...

- Я это люблю! Я всё хватаю, будто мне завтра умирать надо! Зоологический сад - вот тоже прекрасно где!

106

Сквозь слой грязи на щеках Якова выступала краска возбуждения, глаза у него горели, он причмокивал губами, точно всасывая что-то живительное, освежающее. У Евсея шевелилась зависть к этому здоровому, жадному телу. Он упорно начал напоминать себе о том, как Яков колотил его крепкими кулаками по бокам. Но радостная речь звучала не умолкая, вокруг Евсея носились, точно ласточки - звеня, ликующие слова и возгласы. Он с невольной улыбкой слушал и чувствовал, что распевается надвое, хотелось слушать, и было неловко, почти совестно. Он вертел головой и вдруг увидел за окном лицо Грохотова. На левом плече шпиона и на руке у него висели рваные брюки, грязные рубахи, пиджаки. Незаметно подмигнув Климкову, он прокричал кислым голосом:

- Старое платье продаю-покупаю...

- Мне пора! - сказал Евсей, вскакивая на ноги.

- Ты в воскресенье свободен? Приходи ко мне... нет, Лучше я к тебе это где?

Евсей молчал, ему не хотелось указать свою квартиру.

- Ты что? С барышней живёшь? Эка важность! Познакомь, вот и всё, чего стыдишься? Верно ли?

- Я, видишь ли, живу не один...

- Ну, да...

- Только я не с барышней, а - со стариком. Яков расхохотался.

- Экий ты нескладный! Чёрт знает как говоришь! Ну, старика нам не надо, конечно. А я живу с двумя товарищами, ко мне тоже неудобно заходить. Давай, уговоримся, где встретиться...

Уговорились, вышли из трактира, и, когда Яков, прощаясь, ласково и сильно пожал руку Климкова, Евсей пошёл прочь от него так быстро, как будто ждал, что брат воротится и отнимет это крепкое рукопожатие. Шёл он и уныло соображал:

"Здесь самое клёвое место, здесь, говорят, больше всего революционеров - Яков будет мешать..."

По душе у него прошло серою тенью злое раздражение.

- Старое платье продаю! - пропел Грохотов сзади него и зашептал: Покупай рубашку, Климков!

Евсей обернулся, взял в руки какую-то тряпку и начал молча рассматривать её, а шпион, громко расхваливая товар, шёпотом говорил:

- Гляди, - ты попал в точку! Кудрявый - я к нему присмотрелся социалист! Держись за него, с ним можно много зацепить. - И, вырвав из рук Евсея тряпку, обиженным голосом закричал: - Пять копеек? За такую вещь? Смеёшься, друг, напрасно обижаешь... Иди своей дорогой, иди! - И, покрикивая, зашагал через улицу.

"Вот, теперь я сам буду под надзором!" - подумал Евсей, глядя в спину Грохотова.

Когда малоопытный шпион знакомился с рабочими, он был обязан немедленно донести об этом своему руководителю, а тот или давал ему более опытного в сыске товарища, или сам являлся к рабочим, и тогда завистливо говорилось:

"Захлестнулся в провокацию".

Такая роль считалась опасной, но за предательство целой группы людей сразу начальство давало денежные награды, и все шпионы не только охотно "захлёстывались", но даже иногда старались перебить друг у друга счастливый случай и нередко портили дело, подставляя друг другу ножку. Не раз бывало так, что шпион уже присосался к кружку рабочих, и вдруг они каким-то таинственным путём узнавали о его профессии и били его, если он не успевал вовремя выскользнуть из кружка. Это называлось - "передёрнуть петлю".

Климкову было трудно поверить, что Яков социалист, и в то же время ему хотелось верить в это. Разбуженная братом зависть перерождалась в раздражение против Якова за то, что он встал на дороге. И вспоминались его побои.

Вечером он сообщил Петру о своём знакомстве.

- Ну, и что же? - сердито спросил Пётр. - Не знаешь, что надо делать? На какой же чёрт вашего брата учат?

Он убежал куда-то, встрёпанный, худой, с тёмными пятнами под глазами.

"Видно, опять в карты проигрался!" - скучно подумал Климков.

На другой день об успехе Евсея узнал Саша, подробно расспросил его, в чём дело, подумал и, гнило улыбаясь, начал учить:

- Погодя немного, ты осторожно скажешь им, что поступил конторщиком в типографию, - слышишь? Они спросят - не можешь ли ты достать шрифта? Скажи - могу, но умей сказать это просто, так, чтобы люди видели, что для тебя всё равно: достать - не достать... Зачем - не спрашивай! Веди себя дурачком, каков ты есть. Если ты это дело провалишь - тебе будет скверно... После каждого свидания - докладывай мне, что слышал...

Евсей чувствовал себя перед Сашей маленькой собачкой на верёвке, смотрел на его прыщеватое, жёлтое лицо и, ни о чём не думая, ждал, когда Саша выпустит его из облака противных запахов, - от них тошнило.

Он пошёл на свидание с Яковом пустой, как труба, но когда увидал брата с папиросой в зубах, в шапке набекрень, - дружески улыбнулся ему.

- Как дела? - весело крикнул Яков.

- Нашёл работу, - ответил Евсей и тотчас подумал:

"Это я сказал прежде времени..."

- Где?

- В типографии, конторщиком...

Яков громко свистнул.

- В типографии?.. - Хочешь - в гости сведу? Хорошая компания, две девицы - одна модистка, другая шпульница. Слесарь один, молодой парень, гитарист. Потом ещё двое - тоже народ хороший...

Он говорил быстро, глаза его радостно улыбались всему, что видели. Останавливаясь перед окнами магазинов, смотрел взглядом человека, которому все вещи приятны, всё интересно, - указывал Евсею на оружие и с восторгом говорил:

- Револьверы-то? Словно игрушки...

Подчиняясь его настроению, Евсей обнимал вещи расплывчатым взглядом и улыбался удивлённо, как будто впервые он видел красивое, манящее обилие ярких материй, пёстрых книг, ослепительную путаницу блеска красок и металлов. Ему нравилось слушать голос Якова, была приятна торопливая речь, насыщенная радостью, она так легко проникала в тёмный пустырь души.

- Весёлый ты! - одобрительно сказал он.

- Очень! Плясать научился у казаков - у нас на фабрике два десятка казаков стоят. Слыхал ты, у нас бунтовать хотели? Как же, в газетах про нас писали...

- Зачем же бунтовать? - спросил Евсей, задетый простотой, с которою Яков говорил о бунте.

- Как - зачем? Обижают нас, рабочих... Что же нам делать?..

- А казаки что?

- Ничего! Сначала думали, что они нам - начальство, а потом говорят: "Товарищи, давайте листочков..."

Яков вдруг оборвал речь, взглянул в лицо Евсея, нахмурил брови и с минуту шёл молча. А Евсею листочки напомнили его долг, он болезненно сморщился и, желая что-то оттолкнуть от себя и от брата, тихо проговорил:

- Читал я эти листочки...

- Ну? - спросил Яков, замедляя шаг.

- Непонятно мне...

- А ты почитай ещё.

- Не хочу...

- Неинтересно?

- Да...

Несколько времени шли молча. Яков задумчиво насвистывал, мельком поглядывая в лицо брата.

- Нет, листочки эти - дорогое дело, и читать их нужно всем пленникам труда, - задушевно и негромко начал он. - Мы, брат, пленники, приковали нас к работе на всю жизнь, сделали рабами капиталистов, - верно ли? А листочки эти освобождают человеческий наш разум...

Климков пошёл быстрее, ему не хотелось слушать гладкую речь Якова, у него даже мелькнуло желание сказать брату:

"Об этом ты не говори со мной, пожалуйста..."

Но Яков сам прервал свою речь:

- Вот он, Зоологический...

Выпили в буфете бутылку пива, слушали игру военного оркестра, Яков толкал Евсея в бок локтем и спрашивал его:

- Хорошо?

А когда оркестр кончил играть, Яков вздохнул и заметил:

- Это Фауста играли, оперу. Я её три раза видел в театре - красиво, очень! История-то глупая, а музыка - хороша! Пойдём обезьян смотреть...

По пути к обезьянам он интересно рассказал Евсею историю Фауста и чёрта, пробовал даже что-то петь, но это ему не удалось, - он расхохотался.

Музыка, рассказ о театре, смех и говор празднично одетой толпы людей, весеннее небо, пропитанное солнцем, - опьяняло Климкова. Он смотрел на Якова, с удивлением думая:

"Какой смелый! И всё знает, а - одних лет со мной..."

Климкову начинало казаться, что брат торопливо открывает перед ним ряд маленьких дверей и за каждой из них всё более приятного шума и света. Он оглядывался вокруг, всасывая новые впечатления, и порою тревожно расширял глаза - ему казалось, что в толпе мелькнуло знакомое лицо товарища по службе. Стояли перед клеткой обезьян, Яков с доброй улыбкой в глазах говорил:

- Ты смотри - ну, чем не люди? Верно ли? Глаза, морды - какое всё умное, а?..

Он вдруг замолчал, прислушался и сказал:

- Стой, это наши! - исчез и через минуту подвёл к Евсею барышню и молодого человека в поддёвке, радостно восклицая:

- А сказали - не пойдёте? Обманщики!.. Это мой двоюродный брат Евсей Климков, я говорил про него. А это - Оля, - Ольга Константиновна. Его зовут Алексей Степанович Макаров.

Опустив голову, Климков неловко и молча пожимал руки новых знакомых и думал:

"Захлёстывает меня. Лучше - уйти мне..."

Но уходить не хотелось, он снова оглянулся, побуждаемый боязнью увидеть кого-нибудь из товарищей-шпионов. Никого не было.

- Он не очень развязный, - говорил Яков барышне. - Не пара мне, грешному!

- Нас стесняться не надо, мы люди простые! - сказала Ольга. Она была выше Евсея на голову, светлые волосы, зачёсанные кверху, ещё увеличивали её рост. На бледном, овальном лице спокойно улыбались серовато-голубые глаза.

У человека в поддёвке лицо доброе, глаза ласковые, двигался он медленно и как-то особенно беспечно качал на ходу своё, видимо, сильное тело.

- Долго мы будем плутать, как нераскаянные грешники? - мягким басом спросил он.

- Посидеть где-нибудь, что ли...

Ольга, наклонив голову, заглядывала в лицо Климкова.

- Вы бывали здесь раньше?

- Первый раз...

Он шёл рядом с нею, стараясь зачем-то поднимать ноги выше, от этого ему было неловко идти. Сели за столик, спросили пива, Яков балагурил, а Макаров, тихонько посвистывая, рассматривал публику прищуренными глазами.

- У вас товарищ есть? - спросила Ольга.

- Нет, - никого нет...

- Мне так сразу и показалось, что вы одинокий! - сказала она, улыбаясь.

- Глядите - сыщик! - тихо воскликнул Макаров. Евсей вскочил на ноги, снова быстро сел, взглянул на Ольгу, желая понять, заметила ли она его невольное испуганное движение? Не понял. Она молча и внимательно рассматривала тёмную фигуру Мельникова; как бы с трудом сыщик шёл по дорожке мимо столов и, согнув шею, смотрел в землю, а руки его висели вдоль тела, точно вывихнутые.

- Идёт, как Иуда на осину! - негромко сказал Яков.

- Должно быть - пьяный! - заметил Макаров.

"Нет, он всегда такой", - едва не сказал Евсей и завозился на стуле.

Мельников, точно чёрный камень, вдвинулся в толпу людей, и она скрыла его в своём пёстром потоке.

- Заметили, как он шёл? - спросила Ольга.

Евсей поднял голову, внимательно и с ожиданием взглянул на неё...

- Я думаю, что слабого человека одиночество на всё может толкнуть...

- Да, - шёпотом сказал Климков, что-то понимая, и, благодарно взглянув в лицо девушки, повторил громче: - Да!

- Я его знал года четыре тому назад! - рассказывал Макаров. Теперь лицо у него как будто вдруг удлинилось, высохло, стали заметны кости, глаза раскрылись и, тёмные, твёрдо смотрели вдаль. - Он выдал одного студента, который книжки нам давал читать, и рабочего Тихонова. Студента сослали, а Тихонов просидел около года в тюрьме и помер от тифа...

- А вы разве боитесь шпионов? - вдруг спросила Ольга Климкова.

- Почему? - глухо отозвался он.

- Вы вздрогнули, когда увидали его...

Евсей, крепко потирая горло и не глядя на неё, ответил:

- Это-так, - я его тоже знаю...

- Ага-а! - протянул Макаров, усмехаясь.

- Тихонький! - воскликнул Яков, подмигивая. Климков, не понимая их восклицаний, ласковых взглядов, - молчал, боясь, что помимо своей воли скажет слова, которые разрушат тревожный, но приятный полусон этих минут.

Тихо и ласково подходил свежий весенний вечер, смягчая звуки и краски, в небе пылала заря, задумчиво и негромко пели медные трубы...

- Вот что, - сказал Макаров, - останемся здесь или пойдём домой?

Решили идти домой. Дорогой Ольга спросила Климкова:

- А вы сидели в тюрьме?

- Да, - ответил он, но через секунду прибавил: - Недолго...

Сели в вагон трамвая, потом Евсей очутился в маленькой комнате, оклеенной голубыми обоями, - в ней было тесно, душно и то весело, то грустно. Макаров играл на гитаре, пел какие-то неслыханные песни, Яков смело говорил обо всём на свете, смеялся над богатыми, ругал начальство, потом стал плясать, наполнил всю комнату топотом ног, визгом и свистом. Звенела гитара, Макаров поощрял Якова прибаутками и криками:

- Эх, кто умеет веселиться, того горе боится!

А Ольга смотрела на всё спокойно и порою спрашивала Климкова, улыбаясь:

- Хорошо?

Опьянённый тихой, неведомой ему радостью, Климков тоже улыбался в ответ. Он забыл о себе, лишь изредка, секундами, ощущал внутри назойливые уколы, но раньше, чем сознание успевало претворить их в мысль, они исчезали, ничего не напоминая.

И только дома он вспомнил о том, что обязан предать этих весёлых людей в руки жандармов, вспомнил и, охваченный холодной тоской, бессмысленно остановился среди комнаты. Стало трудно дышать, он облизал губы сухим языком, торопливо сбросил с себя платье, остался в белье, подошёл к окну, сел. Прошло несколько минут оцепенения, он подумал:

"Я скажу им, - этой скажу, Ольге..."

Но тотчас же ему вспомнился злой и брезгливый крик столяра:

"Гадина..."

Климков отрицательно покачал головой.

"Напишу ей: "Берегитесь..." И про себя напишу..."

Эта мысль обрадовала его, но в следующую секунду он сообразил:

"При обыске найдут моё письмо, узнают почерк, - пропал я тогда..."

Почти до рассвета он сидел у окна; ему казалось, что его тело морщится и стягивается внутрь, точно резиновый мяч, из которого выходит воздух. Внутри неотвязно сосала сердце тоска, извне давила тьма, полная каких-то подстерегающих лиц, и среди них, точно красный шар, стояло зловещее лицо Саши. Климков сжимался, гнулся. Наконец осторожно встал, подошёл к постели и бесшумно спрятался под одеяло.

XVI

А жизнь, точно застоявшаяся лошадь, вдруг пошла странными прыжками, не поддаваясь усилию людей, желавших управлять ею так же бессмысленно и жестоко, как они правили раньше. Каждый вечер в охранном отделении тревожно говорили о новых признаках общего возбуждения людей, о тайном союзе крестьян, которые решили отнять у помещиков землю, о собраниях рабочих, открыто начинавших порицать правительство, о силе революционеров, которая явно росла с каждым днём. Филипп Филиппович, не умолкая, царапал агентов охраны своим тонким голосом, раздражающим уши, осыпал всех упрёками в бездеятельности, Ясногурский печально чмокал губами и просил, прижимая руки к своей груди:

- Дети мои! Помните - за царём служба не пропадает!

Но когда Красавин сумрачно спросил его: "Что же надо делать?" - он замахал руками, странно разинув глубокий чёрный рот, долго не мог ничего сказать, а потом крикнул:

- Ловите их!

Евсей слышал, как изящный Леонтьев, сухо покашливая, говорил Саше:

- Очевидно, наши приёмы борьбы с крамолой не годятся в эти дни общего безумия...

- Да-с, плевком пожара не погасишь! - ответил Саша шипящими звуками, а лицо его искажённо улыбалось.

Все жаловались, сердились, кричали; Саша таскал свои длинные ноги и насмешливо восклицал, издеваясь:

- Что-о? Одолевают вас революционеры?

Шпионы метались день и ночь, каждый вечер приносили в охрану длинные рапорты о своих наблюдениях и сумрачно говорили друг другу:

- Разве теперь так нужно?

- Расчешут нам кудри! - сказал Пётр, ломая пальцы так, что они хрустели.

- За штат отчислят, коли живы останемся, - уныло вторил ему Соловьев. - Хоть бы пенсию дали, - не дадут?..

- Петлю на шею, а не пенсию! - угрюмо сказал Мельников.

Люди, которые ещё недавно были в глазах Евсея страшны, представлялись ему неодолимо сильными, теперь метались по улицам города, точно прошлогодние сухие листья.

Он с удивлением видел других людей: простые и доверчивые, они смело шли куда-то, весело шагая через все препятствия на пути своём. Он сравнивал их со шпионами, которые устало и скрытно ползали по улицам и домам, выслеживая этих людей, чтобы спрятать их в тюрьму, и ясно видел, что шпионы не верят в своё дело.

Ему нравилась Ольга, её живая, крепкая жалость к людям, нравился шумный, немного хвастливый говорун Яков, беспечный Алексей, готовый отдать свой грош и последнюю рубашку первому, кто попросит.

Наблюдая распад силы, которой он покорно служил до этих дней, Евсей начал искать для себя тропу, которая позволила бы ему обойти необходимость предательства. Рассуждал он так:

"Если я буду ходить к ним, - не сумею не выдать их. Передать их другому - ещё хуже. Надо сказать им. Теперь они становятся сильнее, с ними мне лучше будет..."

И, повинуясь влечению к новым для него людям, он всё чаще посещал Якова, более настойчиво искал встреч с Ольгой, а после каждого свидания с ними - тихим голосом, подробно докладывал Саше о том, что они говорили, что думают делать. И ему было приятно говорить о них, он повторял их речи с тайным удовольствием.

- Э, размазня! - гнусил Саша, сердито и насмешливо окидывая Климкова тусклыми глазами. - Ты их сам толкай вперёд. Ты сказал им, что можешь достать шрифт? Тебя спрашивают, идиот!

- Нет ещё, не сказал...

- Так чего же ты мямлишь? Завтра же предложи им!

Климкову было легко исполнить приказание Саши, - Яков и Ольга уже спрашивали его, не может ли он достать шрифт, он ответил им неопределённо.

На другой день, вечером, идя к Ольге, он нёс в груди тёмную пустоту, всегда, в моменты нервного напряжения, владевшую им. Решение исполнить задачу, было вложено в него чужой волей, и ему не надо было думать о ней. Это решение расползлось, разрослось внутри его и вытеснило все страхи, неудобства, симпатии.

Но когда в маленькой, скудно освещённой комнате перед ним встала высокая фигура Ольги, а на стене он увидал её большую тень, которая тихо подвигалась встречу ему, - Климков оробел, смутился и молча встал в двери.

- Вы - что? Нездоровится? - говорила Ольга, пожимая его руку.

Прибавила огня в лампе и, наливая чай, продолжала:

- Очень плохой вид у вас...

Климкову захотелось скорее кончить дело.

- Вот что, - вы говорили, что шрифт нужен вам.

- Говорила! Я знаю, что вы его дадите.

Она сказала эти слова просто и точно ударила ими Евсея. Изумлённый, он откинулся на спинку стула и глухо спросил:

- А почему знаете?..

- Вы тогда не сказали ни да, ни нет - значит, подумала я, он наверное даст...

Евсей не понял и, стараясь не встречаться взглядами с её глазами, спросил снова:

- Почему же?

- Должно быть, потому, что считаю вас серьёзным человеком, верю вам...

- Не надо верить! - сказал Евсей.

- Ну, полноте! Надо.

- А как ошибётесь?

Она пожала плечами.

- Не верить человеку, - заранее думать о нём, что он лгун, дурной, разве это можно?

- Я могу дать шрифт, - сказал Евсей, вздохнув. Задача была кончена. Он сидел, наклонив голову, сжимая между колен крепко стиснутые руки, и прислушивался к словам девушки.

Ольга, облокотясь на стол, вполголоса говорила о том, когда и куда нужно принести обещанное им. Теперь, когда он исполнил долг службы, со дна его души стала медленно подниматься удушливая тошнота, мучительно просыпалось то враждебное ему чувство, которое всё глубже делило его надвое.

- Замечаете вы, - тихо говорила девушка, - как быстро люди знакомятся? Все ищут друзей, находят их, все становятся доверчивее, смелее.

Её слова точно улыбались. Не решаясь посмотреть в лицо Ольги,

Климков следил за её тенью на стене и рисовал на тени голубые глаза, небольшой рот с бледными губами, лицо, немного усталое, мягкое и доброе.

"Сказать ей теперь, что всё это фокус, чтобы погубить её?" - спрашивал он сам себя.

И отвечал:

"Выгонит. Обругает и выгонит".

- Вы Зимина - столяра - не знаете? - вдруг спросил он.

- Нет. А что?

Евсей тяжко вздохнул.

- Так. Тоже - хороший человек.

"Если бы она знала столяра, - медленно соображал Климков, - я бы научил её - пусть спросит его обо мне. Тогда бы..."

Ему показалось, что стул опускается под ним и тошнота сейчас хлынет в горло. Он откашлялся, осмотрел комнату, бедную, маленькую. В окно смотрела луна, круглая, точно лицо Якова, огонь лампы казался досадно лишним.

"Погашу свет, встану перед ней на колени, обниму ноги и всё скажу. А она мне даст пинка?.."

Но это его не остановило. Он тяжело поднялся со стула, протянул руку к лампе, рука вяло опустилась, ноги вздрогнули, он покачнулся.

- Что вы? - спросила Ольга.

Желая ответить, Климков тихо завыл, встал на колени и начал хватать её платье дрожащими руками. Она упёрлась в лоб его горячей ладонью, другой рукой взяла за плечо, спрятала ноги под стул и строго заговорила:

- Нет, нет! А-ай, как это нехорошо... Я не могу... Ну, встаньте же!..

Теплота её тела будила в нём чувственное желание, и толчки рук её он воспринимал, как возбуждающие ласки...

"Не святая!" - мелькнуло у него в уме, и он начал обнимать колени девушки сильнее.

- Я говорю вам - встаньте! - крикнула она, уже не убеждая, а приказывая.

Он встал, не успев ничего сказать.

- Поймите, - бормотал он, разводя руками.

- Да, да, я понимаю... Боже мой! Всегда это на дороге! - воскликнула она и, посмотрев в лицо ему, сурово сказала: - Мне надоело это!

Она встала у окна, между нею и Евсеем стоял стол. Холодное недоумение обняло сердце Климкова, обидный стыд тихо жёг его.

- Вы ко мне не ходите... Пожалуйста...

Евсей взял шапку, накинул на плечи пальто и, согнувшись, ушёл.

Через несколько минут он сидел на лавке у ворот какого-то дома и бормотал, искусственно напрягаясь:

- Сволочь...

Припоминая позорные для женщины слова, он покрывал ими стройную высокую фигуру Ольги, желая испачкать грязью всю её, затемнить с ног до головы. Но ругательства не приставали к ней, и хотя Евсей упорно будил в себе злость, но чувствовал только обиду.

Смотрел на круглый одинокий шар луны - она двигалась по небу толчками, точно прыгала, как большой светлый мяч, и он слышал тихий звук её движения, подобный ударам сердца. Не любил он этот бледный, тоскующий шар, всегда в тяжёлые минуты жизни как бы наблюдавший за ним с холодной настойчивостью. Было поздно, но город ещё не спал, отовсюду неслись разные звуки.

"Раньше ночи были спокойнее", - подумал Климков, встал и пошёл, не надевая пальто в рукава, сдвинув шапку на затылок.

"Ну, хорошо, - подожди! - думал он. - Выдам их и попрошу, чтобы меня перевели в другой город..."

В три приёма он передал Макарову несколько пакетов шрифта, узнал о квартире, где будет устроена типография, и удостоился от Саши публичной похвалы:

- Молодчина! Получишь награду...

Евсей отнёсся к его похвале равнодушно, а когда Саша ушёл, ему бросилось в глаза острое, похудевшее лицо Маклакова - шпион, сидя в тёмном углу комнаты на диване, смотрел оттуда в лицо Евсея, покручивая свои усы. Во взгляде его было что-то задевшее Евсея, он отвернулся в сторону.

- Климков, поди сюда! - позвал шпион. Климков подошёл, сел рядом.

- Правда, что ты брата своего выдаёшь? - спросил Маклаков негромко.

- Двоюродного...

- Не жалко?

- Нет...

И вспомнив слова, которые часто говорило начальство, Евсей тихо повторил их:

- У нас - как у солдат - нет ни матери, ни отца, ни братьев, только враги царя и отечества...

- Ну, конечно! - сказал Маклаков и усмехнулся. По голосу и усмешке Климков чувствовал, что шпион издевается над ним. Он обиделся.

- Может быть, мне и жалко, но когда я должен служить честно и верно...

- Я ведь не спорю, чудак!

Потом он закурил папиросу и спросил Евсея:

- Ты что сидишь тут?

- Так, - делать нечего...

Маклаков хлопнул его по колену и сказал:

- Несчастный ты человечек!

Евсей встал.

- Тимофей Васильевич...

- Что?

- Скажите мне...

- Что сказать?

- Я не знаю...

- Ну, и я тоже.

Климков шёпотом пробормотал:

- Мне жалко брата!.. И ещё одна девица там... Они все - лучше нас, ей-богу!

Шпион тоже встал на ноги, потянулся и, шагая к двери, холодно произнёс:

- Пойди ты к чёрту...

XVII

Подошла ночь, когда решено было арестовать Ольгу, Якова и всех, кто был связан с ними по делу типографии. Евсей знал, что типография помещается в саду во флигеле, - там живёт большой рыжебородый человек Костя с женой, рябоватой и толстой, а за прислугу у них - Ольга. У Кости голова была гладко острижена, а у жены его серое лицо и блуждающие глаза; они оба показались Евсею людьми не в своём уме и как будто долго лежали в больнице.

- Какие страшные! - заметил он, когда Яков указал ему этих людей в квартире Макарова.

Яков, любя похвастаться знакомствами, гордо тряхнул кудрявой головой и важно объяснил:

- От своей трудной жизни! Работают в подвалах, по ночам, сырость, воздуху мало. Отдыхают - в тюрьмах, - от этого всяк наизнанку вывернется.

Климкову захотелось в последний раз взглянуть на Ольгу; он узнал, какими улицами повезут арестованных в тюрьму, и пошёл встречу им, стараясь убедить себя, что его не трогает всё это, и думая о девушке:

"Наверное, испугается. Плакать будет..."

Шёл он, как всегда, держась в тени, пробовал беззаботно свистать, но не мог остановить стройного течения воспоминаний об Ольге, - видел её спокойное лицо, верующие глаза, слышал немного надорванный голос, помнил слова:

"Вы напрасно так нехорошо говорите о людях, Климков. Разве вам не в чем упрекнуть себя?"

Слушая её, он всегда чувствовал, что Ольга говорит верно. И теперь у него тоже не было причин сомневаться этом, но было голое желание видеть её испуганной, жалкой, в слезах.

Вдали затрещали по камням колёса экипажа, застучали подковы. Климков прижался к воротам и ждал. Мимо него проехала карета, он безучастно посмотрел на неё, увидел два хмурых лица, седую бороду кучера, большие усы околодочного рядом с нею.

"Вот и всё! - подумал он. - И не пришлось увидеть её..."

Но в конце улицы снова дребезжал экипаж, он катился торопливо, были слышны удары кнута о тело лошади и её усталое сопение. Ему казалось, что звуки неподвижно повисли в воздухе и будут висеть так всегда.

Кутаясь в платок, в пролётке сидела Ольга рядом с молодым жандармом, на козлах, рядом с извозчиком, торчал городовой. Мелькнуло знакомое лицо, белое и доброе; Евсей скорее понял, чем увидал, что Ольга совершенно спокойна, нимало не испугана. Он почему-то вдруг обрадовался и, как бы возражая неприятному собеседнику, мысленно сказал:

"Она - не заплачет!"

Закрыв глаза, простоял ещё несколько времени, потом услышал шаги, звон шпор, понял, что это ведут арестованных мужчин, сорвался с места и, стараясь не топать ногами, быстро побежал по улице, свернул за угол и, усталый и облитый потом, явился к себе домой.

Вечером на другой день Филипп Филиппович, обливая его синими лучами, говорил торжественно, ещё более тонким голосом, чем всегда:

- Поздравляю тебя, Климков, с добрым успехом и желаю, чтобы этот успех был первым звеном в длинной цепи удач!

Климков переступил с ноги на ногу и тихонько развёл руками, точно желая освободить себя из невидимых пут.

В комнате было несколько шпионов, они молча слушали звук пилы и смотрели на Евсея, он чувствовал их взгляды на своей коже, и это было неловко.

Когда начальник кончил говорить, Евсей тихо попросил его о переводе в другой город.

- Ну, ерунда, брат! - сухо сказал Филипп Филиппович. - Стыдно быть трусом. Что такое? Первое удачное дело - и бежать? Я сам знаю, когда нужно перевести... Ступай!

Награду ему дал Саша.

- Эй, ты, сморчок! - позвал он его. - На вот, получи...

Коснувшись своей влажной, жёлтой рукой руки Евсея, он сунул ему бумажку и ушёл прочь. Подскочил Яков Зарубин.

- Сколько?

- Двадцать пять рублей, - ответил Климков, развёртывая билет непослушными пальцами.

- А сколько людей было?

- Семеро...

Зарубин поднял глаза к потолку и забормотал:

- Трижды семь - двадцать один, четыре на семь - по три с полтиной!

Он тихонько свистнул и, оглянувшись, шёпотом сообщил:

- Саше - полтораста дали, да счёт расходов он представил по этому делу в шестьдесят три рубля. Надувают нас, дураков! Ну, что же, угощай на радостях...

- Идём, - сказал Климков, искоса поглядывая на деньги и не решаясь положить их в карман.

Пошли, и дорогою Зарубин деловито заговорил:

- А всё-таки, видно, твои люди дрянь были...

- Почему это? - обидчиво спросил Климков. - Вовсе не дрянь...

- Мало дали за них, мало! Я ведь знаю порядки, меня не обманешь, нет! Красавин одного революционера поймал, - сто рублей получил здесь, да из Петербурга прислали сто! Соловьёву - за нелегальную барыню - семьдесят пять. Видишь? А Маклаков? Положим, он ловит адвокатов, профессоров, писателей, им цена особая.

Он говорил не уставая, Климков был доволен его болтовнёй, она мешала ему думать.

Пришли в публичный дом. Зарубин крикливым голосом завсегдатая начал спрашивать у высокой, худой и кривой экономки:

- Лида здорова? А - Капа? Вот, Евсей, ты познакомься с Капой, - это такая девица! Изверг! Она тебя тому научит, чего ты во сто лет без неё не узнаешь. Дайте нам лимонаду и коньяку. Прежде всего, Евсей, надо хватить коньяку с лимонадом - это вроде шампанского, сразу поднимешься на дыбы!

- Мне всё равно, - ответил Климков.

Дом был дорогой, на окнах висели пышные занавески, мебель казалась Евсею необыкновенной, красиво одетые девицы - гордыми и неприступными; всё это смущало его. Он жался в угол, уступая дорогу девицам, они как будто не замечали его, проходя мимо и касаясь своими юбками его ног. Лениво проплывало подавляющими массами полуголое тело, ворочались в орбитах подведённые глаза.

- Студенты? - спросила рыжая девица подругу, толстую брюнетку с высокой голой грудью и голубой лентой на шее. Та что-то шепнула в ухо ей, рыжая сделала Евсею гримасу, он отвернулся от неё и сказал Зарубину недовольно:

- Знают, кто мы...

- А как же! Конечно! Потому и берут за вход половину цены, и скидка со счёта двадцать пять процентов.

Евсей выпил два бокала шипучего, вкусного напитка, и хотя ему не стало веселее, но окружающее сделалось более безразличным.

К ним за стол сели две девицы - высокая, крепкая Лидия и огромная, тяжёлая Капитолина. Голова Лидии была несоразмерно с телом маленькая, лоб узкий, острый, сильно выдвинутый подбородок и круглый рот с мелкими зубами рыбы, глаза тёмные и хитрые, а Капитолина казалась сложенной из нескольких шаров разной величины; выпученные глаза её были тоже шарообразны и мутны, как у слепой.

Чёрненький, неугомонный, подобно мухе, Зарубин вертел головой, двигал ногами, его тонкие, тёмные руки летали над столом, он всё хватал, щупал, обнюхивал. Евсей вдруг почувствовал, что Зарубин вызывает у него тяжёлое, тупое раздражение.

"Мерзавец! - думал он. - За мои деньги привёл мне урода, а себе красивую выбрал".

Он налил рюмку коньяку, проглотил её и, обожжённый, открыл рот, вращая глазами.

- Ловко? - воскликнул Яков.

Девицы засмеялись, и на минуту Евсей оглох и ослеп, точно заснул.

- Вот, Евсей, Лида, мой верный друг, умница и разумница! - разбудил его Зарубин, дёргая за рукав. - Когда я заслужу внимание начальства, я её возьму отсюда, женюсь на ней и пристрою к своему торговому делу. Так, Лидочка?

- Поживём - увидим, - ответила девица, томно скосив на него свои масляные глаза.

- Ты что молчишь, дружок? - басом спросила Капитолина, хлопая по плечу Евсея тяжёлой рукой.

- Она всем говорит - ты, - заметил Яков.

- Это мне все равно! - сказал Евсей, не глядя на девицу и отодвигаясь от неё. - Только - скажи ей, что она мне не нравится и пускай уйдёт...

Несколько секунд все молчали.

- Чёрт с вами! - густо и спокойно сказала Капитолина и, упираясь рукой в стол, медленно подняла со стула своё тяжёлое тело.

Евсею стало досадно, что она не обиделась, он взглянул на неё и проговорил:

- Вроде слона, какая-то...

- Аи, как это невежливо! - с сожалением вскричала Лидия.

- Да, Евсей, это, брат, невежливо! - убеждённо подтвердил Зарубин. Капитолина Николаевна девица замечательная, и все понимающие люди её ценят.

- А мне всё равно, - сказал Евсей. - Я хочу пива!

- Эй, пива! - крикнул Зарубин. - Капочка, будьте любезны, похлопочите насчёт пива.

Толстая девица повернулась и, шаркая ногами по полу, молча ушла, а Зарубин, наклонясь к Евсею, вкрадчиво и поучительно начал:

- Видишь ли что, Евсей, конечно, здесь заведение и прочее. Но девицы такие же люди, как мы с тобой, - зачем их обижать бесполезной грубостью?

- Отстань! - сказал Климков.

Ему хотелось, чтобы вокруг было тихо, чтобы девицы перестали плавать в воздухе, как скучные клочья весенней тучи, и бритый тапёр с тёмно-синим лицом утопленника не тыкал пальцами в жёлтые зубы рояля, похожего на челюсть чудовища, которое громко и визгливо хохотало. Хотелось, чтобы все молча сели на стулья и сидели неподвижно, чтобы занавески на окнах не шевелились так странно, как будто с улицы их дёргает невидимая, неприязненная рука. И пусть в дверях встанет Ольга, одетая в белое, тогда он поднимется, обойдёт всю комнату и каждого человека с размаху ударит по лицу, - пусть Ольга видит, что ему противны все они.

В уши ему назойливо садились жалобные слова Зарубина:

- Мы приехали веселиться, а ты сразу начинаешь скандал...

Евсей, покачиваясь, мутно посмотрел в лицо ему и вдруг с холодной ясностью сказал себе:

"Из-за этого, сукина сына. Из-за него я попал в петлю. Всё из-за него!"

Он взял в руку бутылку пива, налил себе стакан, выпил его и, не выпуская бутылки из руки, поднялся с места.

- Деньги мои, а не твои, сволочь! - сказал он.

- Что ж из этого? Мы - товарищи...

Чёрная, стриженая и колючая голова Зарубина запрокинулась назад, Евсей увидел острые блестящие глазки на смуглом лице с оскаленными зубами.

- Ты сядь, - сказал он.

Климков взмахнул бутылкой и ударил ею по лицу, целясь в глаза. Масляно заблестела алая кровь, возбуждая у Климкова яростную радость,

122

- он ещё взмахнул рукой, обливая себя пивом. Всё ахнуло, завизжало, пошатнулось, чьи-то ногти впились в щёки Климкова, его схватили за руки, за ноги, подняли с пола, потащили, и кто-то плевал в лицо ему тёплой, клейкой слюной, тискал горло и рвал волосы.

Он очнулся в участке, оборванный, исцарапанный, мокрый, сразу всё вспомнил и впервые без испуга подумал:

"Что же теперь будет?"

Знакомый полицейский чиновник посоветовал Евсею вымыть лицо и ехать домой.

- Судить меня будут? - спросил Климков.

- Не знаю, - сказал полицейский, вздохнул и завистливо добавил: - Едва ли будут, берегут вас...

Через несколько дней Евсея позвал Филипп Филиппович и долго пронзительно кричал на него.

- Ты, идиот, должен давать людям примеры доброго поведения, а не скандалы делать! Если я узнаю ещё что-нибудь подобное о тебе - я тебя посажу на месяц под арест, - слышал?

Климков испугался, согнулся и стал жить тихонько, молча, незаметно, стараясь возможно больше уставать для того, чтобы ни о чём не думать.

Когда он встретился с Яковом Зарубиным, то увидал у него над правым глазом небольшой красный шрам; эта новая черта на подвижном лице сыщика была ему приятна, и сознание, что он нашёл в себе силу и смелость ударить человека, поднимало его в своих глазах.

- За что ты меня? - спросил Яков.

- Так, - сказал Евсей. - Пьян был я...

- Эх ты, чёрт! Ведь ты знаешь, что такое лицо для нашей должности! Разве можно его портить?

Зарубин потребовал с Евсея угощение хорошим обедом.

XVIII

Среди шпионов разнёсся слух, что некоторые министры тоже оказались подкуплены врагами царя и России. Они составили заговор, чтобы отнять у царя власть, заменить существующий, добрый русский порядок жизни другим, взятым у иностранных государств, вредным для русского народа. Теперь они выпустили манифест, в котором будто бы по воле царя и с его согласия извещали народ о том, что ему скоро будет дана свобода собираться в толпы, где он хочет, говорить о том, что его интересует, писать и печатать в газетах всё, что ему нужно, и даже будет дана свобода не верить в бога.

Филипп Филиппович часами тайно беседовал с Красавиным, Сашей, Соловьевым и другими опытными агентами, после этих бесед все они ходили нахмурясь, озабоченные, отвечая на вопросы своих товарищей кратко и невразумительно.

Однажды, сквозь неплотно притворенную дверь кабинета Филиппа Филипповича, в канцелярию просочился голос Саши, прерывавшийся от возбуждения:

- Да не о конституции, не о политике надо говорить с ними, а о том, что новый порядок уничтожит их, что при нём смирные издохнут с голоду, буйные сгниют в тюрьмах. Кто нам служит? Выродки, дегенераты, психически больные, глупые животные...

- Вы говорите бог знает что! - громко вскричал Филипп Филиппович.

И раздался печальный голос Ясногурского:

- Планчик-то у вас - какой? Непонятно мне, хороший вы мой, намерение-то ваше...

В канцелярии сидели Пётр, Грохотов, Евсей и ещё двое новых шпионов один рыжий, горбоносый, с крупными веснушками на лице и в золотых очках, другой - бритый, лысый и краснощёкий, с широким носом и багровым пятном на шее около левого уха. Внимательно слушая разговор Саши, они косились друг на друга и молчали. Пётр несколько раз вставал, подходил к двери, наконец он громко кашлянул около неё - тотчас же невидимая рука плотно притворила её. Лысый шпион осторожно пощупал толстыми пальцами свой нос и тихо спросил:

- Это кого же он называет выродками?

Сначала никто не ответил ему, потом Грохотов, покорно вздохнув, сказал:

- Он всех так зовёт...

- Умная бестия! - воскликнул Пётр, мечтательно улыбаясь. - Гнилой весь, а смотрите, всё больше забирает силу. Вот что значит образование!..

Лысый оглянул всех подслеповатыми глазами и снова раздумчиво осведомился:

- Ведь это он про нас говорит?

- Политика дело мудрое, ничем не брезгует, - сказал Грохотов.

- Если бы я получил образование, я бы - показал козырей! - заявил Пётр.

Рыжий беспечно покачивался на стуле и часто зевал, широко открывая рот.

Из кабинета вышел Саша, багровый и встрёпанный, остановился у двери, оглядел всех, насмешливо спросил:

- Подслушивали?

Один за другим входили сыщики, потные, пыльные, устало и невесело перекидываясь различными замечаниями. Появился Маклаков, сердитый, нахмуренный, глаза у него были острые и обижающие. Прищуриваясь, быстро прошёл в кабинет Красавин и громко хлопнул дверью.

Саша говорил Петру:

- Произойдёт перемена места - мы будем тайным обществом, а они останутся явными идиотами, вот что будет! Эй! - крикнул он. - Никому не уходить!

Все присмирели, замолчали. Из кабинета вышел Ясногурский, его оттопыренные мясистые уши прилегли к затылку, и весь он казался скользким, точно кусок мыла. Расхаживая в толпе шпионов, он пожимал им руки, ласково и смиренно кивал головой и вдруг, уйдя куда-то в угол, заговорил оттуда плачущим голосом:

- Добрые слуги царёвы! К вам моя речь от сердца, скорбью напоённого, к вам, люди бесстрашные, люди безупречные, верные дети царя-отца и православной церкви, матери вашей...

- Завыл!.. - прошептал кто-то около Евсея, а Климкову послышалось, что Ясногурский нехорошо выругался.

- Вы уже знаете о новой хитрости врагов, о новой пагубной затее, вы читали извещение министра Булыгина о том, что царь наш будто пожелал отказаться от власти, вручённой ему господом богом над Россией и народом русским. Всё это, дорогие товарищи и братья, дьявольская игра людей, передавших души свои иностранным капиталистам, новая попытка погубить Русь святую. Чего хотят достигнуть обещаемой ими Государственной думой, чего желают достичь - этой самой - конституцией и свободой?

Шпионы сдвинулись теснее.

- Во имя отца и сына и святого духа, рассмотрим козни дьяволов при свете правды, коснёмся их нашим простым русским умом и увидим, как они рассыплются прахом на глазах наших. Вот смотрите - хотят отнять у царя его божественную силу и волю править страною по указанию свыше, хотят выборы устроить в народе, чтобы народ послал к царю своих людей и чтобы эти люди законы издавали, сокращая власть царёву. Надеются, что народ наш, тёмный и пьяный, позволит подкупить себя вином и деньгами и проведёт в покои царя тех, кого ему укажут предатели либералы и революционеры, а укажут они народу жидов, поляков, армян, немцев и других инородцев, врагов России.

Климков заметил, что Саша, стоя сзади Ясногурского, улыбался насмешливо, как чёрт, и, не желая, чтобы больной шпион заметил его, наклонил голову.

- Окружит эта шайка продажных мошенников светлый трон царя нашего и закроет ему мудрые глаза его на судьбу родины, предадут они Россию в руки инородцев и иностранцев. Жиды устроят в России своё царство, поляки своё, армяне с грузинами, латыши и прочие нищие, коих приютила Русь под сильною рукою своею, свои царства устроят, и когда останемся мы, русские, одни... тогда... тогда, - значит...

Саша, стоя рядом с Ясногурским, начал шептать ему на ухо. Старик сердито отмахнулся, заговорил громче:

- Тогда хлынут на нас немцы и англичане и заберут нас в свои жадные когти... Разрушение Руси ждёт нас, дорогие друзья мои, - берегитесь!

Он выкрикнул последние слова речи, замолчал на минуту, а потом поднял руки над головой и начал снова:

- Но у царя нашего есть верные слуги, они стерегут его силу и славу, как псы неподкупные, и вот они основали общество для борьбы против подлых затей революционеров, против конституций и всякой мерзости, пагубной нам, истинно русским людям. В общество это входят графы и князья, знаменитые заслугами царю и России, губернаторы, покорные воле царёвой и заветам святой старины, и даже, может быть, сами великие...

Саша снова остановил Ясногурского, старик выслушал его, покраснел, замахал руками и вдруг закричал:

- Ну, и говорите, - что это такое? Какое у вас право? Не хочу...

Он странно подпрыгнул и, расталкивая толпу шпионов, ушёл. Теперь на его месте стоял Саша. Высокий и сутулый, он высунул голову вперёд, молча оглядывая всех красными глазами и потирая руки.

- Ну, вы поняли что-нибудь? - резко прозвучал его вопрос.

- Поняли... поняли... - недружно и негромко ответило несколько голосов.

- Я думаю! - насмешливо воскликнул Саша и поражающе отчётливо, со злобой и силой заговорил:

- Слушайте, - и которые умнее, пусть растолкуют мои слова дуракам. Революционеры, либералы и вообще наше русское барство - одолело, - поняли? Правительство решило уступить их требованиям, оно хочет дать конституцию. Что такое конституция для вас? Голодная смерть, потому что вы лентяи и бездельники, к труду не годны; тюрьма - для многих, потому что многие из вас заслужили её, для некоторых - больница, сумасшедший дом, ибо среди вас целая куча полоумных, душевнобольных. Новый порядок жизни, если его устроят, немедленно раздавит вас. Департамент полиции будет уничтожен, охранные отделения закрыты, вас вышвырнут на улицу. Это вам понятно? - Все молчали, точно окаменев. Климков подумал:

126

"Тогда бы я ушёл куда-нибудь..."

- Я думаю - понятно? - сказал Саша, помолчав, и снова окинул всех одним взглядом. Красный венец на лбу у него как будто расплылся по всему лицу, и лицо покрылось свинцовой синевой.

- Этот новый порядок жизни невыгоден вам, - значит, нужно бороться против него - так? За кого, за чей интерес вы будете бороться? За себя лично, за свой интерес, за ваше право жить так, как вы жили до этой поры. Ясно? Что вы можете сделать?

В душной комнате вдруг родился тяжёлый шум, точно вздохнула и захрипела чья-то огромная, больная грудь. Часть сыщиков молча и угрюмо уходила, опустив головы, кто-то раздражённо ворчал.

- Чем говорить разное, прибавили бы жалованья...

- Пугают всё... всегда пугают!..

В углу около Саши собралось человек десять, Евсей тихонько подвигался к ним и слышал восхищённый голос Петра:

- Вот как надо говорить - дважды два четыре, и всё - тузы!..

- Нет, я недоволен, - слащаво и выпытывающе говорил Соловьев. Подумайте! Что значит - подумайте? Каждый может думать на свой лад, - ты мне укажи, что делать?

Красавин грубо и резко крикнул:

- Указано это!

- Я не понимаю! - спокойно заявил Маклаков.

- Вы? - крикнул Саша, - Врёте, вы поняли!

- Нет.

- А я говорю - вы поняли! Но вы - трус, вы дворянин, - я вас знаю!

- Может быть, - сказал Маклаков. - Но знаете ли вы, чего хотите?

Он спросил так холодно и значительно, что Евсей, вздрогнув, подумал:

"Ударит его Сашка..."

Но тот тихо и визгливо переспросил:

- Я? Знаю ли я, чего хочу?

- Ну да...

- Я вам это скажу! - угрожающе, поднимая голос, крикнул Саша. - Я скоро издохну, мне некого бояться, я чужой человек для жизни, - я живу ненавистью к хорошим людям, пред которыми вы, в мыслях ваших, на коленях стоите. Не стоите, нет? Врёте вы! Вы - раб, рабья душа, лакей, хотя и дворянин, а я мужик, прозревший мужик, я хоть и сидел в университете, но ничем не подкуплен...

Евсей протискался вперёд и встал сбоку спорящих, стараясь видеть лица обоих.

- Я знаю своего врага, это вы - барство, вы и в шпионах господа, вы везде противны, везде ненавистны, - мужчины и женщины, писатели и сыщики. И я знаю средство против вас, против барства, я его знаю, я вижу, что надо сделать с вами, чем вас истребить...

- Вот именно это интересно, а не истерика ваша, - сказал Маклаков, засунув руки в карманы.

- Да, вам интересно? Хорошо - я скажу...

Саша, видимо, хотел сесть и, качаясь, точно маятник, оглядывался кругом, говоря непрерывно и задыхаясь в быстрой речи:

- Кто строит жизнь? Барство! Кто испортил милое животное - человека, сделал его грязной скотиной, больным зверем? Вы, барство! Так вот, всё это - всю жизнь - надо обратить против вас, так вот, - надо вскрыть все гнойники жизни и утопить вас в потоке мерзости, рвоты людей, отравленных вами, - и будьте вы прокляты! Пришло время вашей казни и гибели, поднимется против вас всё искалеченное вами и задушит, задавит вас. Поняли? Да, вот как будет. Уже в некоторых городах пробовали - насколько крепки головы господ. Вам известно это? Да?

Он покачнулся назад, опираясь спиной об стену, протянул вперёд руки и захлебнулся смехом. Маклаков взглянул на людей, стоявших рядом с ним, и, тоже усмехаясь, громко спросил:

- Вы поняли, что он говорит?

- Говорить всё можно! - ответил Соловьев, но тотчас же быстро прибавил: - В своей компании! Но самое интересное - узнать бы наверно, что в Петербурге тайное общество составилось и к чему оно?

- Это нам нужно знать! - требовательно сказал Красавин.

- А ведь в самом деле, братцы, революция-то на другую квартиру переезжает! - воскликнул Пётр весело и живо.

- Ежели там, в этом обществе, действительно князья, - раздумчиво и мечтательно говорил Соловьев, - то дела наши должны поправиться...

- У тебя и так двадцать тысяч в банке лежит, старый чёрт!

- А может - тридцать? Считай ещё раз! - обиженно сказал Соловьев и отошёл в сторону.

Саша кашлял глухо и сипло, Маклаков смотрел на него хмуро.

- Что вы на меня смотрите? - крикнул Саша Маклакову.

Тот повернулся и пошёл прочь, не ответив; Евсей безотчётно двинулся за ним.

- Вы поняли что-нибудь? - спросил Маклаков Евсея.

- Мне это не нравится...

- Да? Почему?

- Злобится он всё. А злобы и без него много...

- Так! - сказал Маклаков, кивая головой. - Злобы достаточно...

- И ничего нельзя понять, - осторожно оглядываясь, продолжал Евсей, все говорят разно...

Шпион задумчиво стряхивал платком пыль со своей шляпы и, должно быть, не слышал опасных слов.

- Ну, до свиданья! - сказал он.

Евсею хотелось идти с ним, но шпион надел шляпу и, покручивая ус, вышел, не взглянув на Климкова.

А в городе неудержимо быстро росло что-то странное, точно сон. Люди совершенно потеряли страх; на лицах, ещё недавно плоских и покорных, теперь остро и явно выступило озабоченное выражение. Все напоминали собою плотников, которые собираются сломать старый дом и деловито рассуждают, с чего удобнее начать работу.

Почти каждый день на окраинах фабричные открыто устраивали собрания, являлись революционеры, известные и полиции и охране в лицо; они резко порицали порядки жизни, доказывали, что манифест министра о созыве Государственной думы - попытка правительства успокоить взволнованный несчастиями народ и потом обмануть его, как всегда; убеждали не верить никому, кроме своего разума.

И однажды, когда бунтовщик крикнул: "Только народ - истинный и законный хозяин жизни! Ему вся земля и вся воля!" - в ответ раздался торжествующий рёв: "Верно, брат!"

Евсей, оглушённый этим рёвом, обернулся - сзади него стоял Мельников; глаза его горели, чёрный и растрёпанный, он хлопал ладонями, точно ворон крыльями, и орал:

- Вер-рно-о!

Климков изумлённо дёрнул его за полу пиджака и тихонько прошептал:

- Что вы? Это социалист говорит, поднадзорный...

Мельников замигал глазами, спросил:

- Он?

И, не дождавшись ответа, снова крикнул:

- Урра! Верно...

А потом, с тяжёлою злобою, сказал Евсею:

- Убирайся ты... Всё равно, кто правду говорит...

Слушая новые речи, Евсей робко улыбался, беспомощно оглядываясь, искал вокруг себя в толпе человека, с которым можно было бы откровенно говорить, но, находя приятное, возбуждающее доверие лицо, вздыхал и думал:

"Заговоришь, а он сразу и поймёт, что я сыщик..."

Он слышал, что в речах своих революционеры часто говорят о необходимости устроить на земле другую жизнь, эти речи будили его детские мечты. Но на зыбкой почве его души, засорённой дрянными впечатлениями, отравленной страхом, вера росла слабо, она была подобна

129

больному рахитом ребёнку, кривоногому, с большими глазами, которые всегда смотрят вдаль.

Евсей верил словам, но не верил людям. Пугливый зритель, он ходил по берегу потока, не имея желания броситься в его освежающие волны.

Шпионы ходили вяло, стали чужими друг другу, хмуро замолчали, и каждый смотрел в глаза товарища подозрительно, как бы ожидая чего-то опасного для себя.

- А насчёт петербургского союза из князей - ничего не слышно? спрашивал Красавин почти каждый день.

Однажды Пётр радостно объявил:

- Ребята, Сашу в Петербург вызвали! Он там наладит игру, увидите!

Вяхирев, горбоносый и рыжеватый шпион, лениво заметил:

- Союзу русского народа разрешено устроить боевые дружины для того, чтобы убивать революционеров. Я туда пойду. Я ловко стреляю из пистолета...

- Из пистолета - удобно, - сказал кто-то. - Выстрелил да и убежал...

"Как они просто говорят обо всём!" - подумал Евсей, невольно вспомнив другие речи, Ольгу, Макарова, и досадливо оттолкнул всё это прочь от себя...

Саша вернулся из Петербурга как будто более здоровым, в его тусклых глазах сосредоточенно блестели зелёные искры, голос понизился, и всё тело как будто выпрямилось, стало бодрее.

- Что будем делать? - спросил его Пётр.

- Скоро узнаешь! - ответил Саша, оскалив зубы.

XIX

Пришла осень, как всегда, тихая и тоскливая, но люди не замечали её прихода. Вчера дерзкие и шумные, сегодня они выходили на улицы ещё более дерзкими.

Потом наступили сказочно страшные, чудесные дни - люди перестали работать, и привычная жизнь, так долго угнетавшая всех своей жестокой, бесцельной игрой, сразу остановилась, замерла, точно сдавленная чьим-то могучим объятием. Рабочие отказали городу - своему владыке - в хлебе, огне и воде, и несколько ночей он стоял во тьме, голодный, жаждущий, угрюмый и оскорблённый. В эти тёмные обидные ночи рабочий народ ходил по улицам с песнями, с детской радостью в глазах, - люди впервые ясно видели свою силу и сами изумлялись значению её, они поняли свою власть над жизнью и благодушно ликовали, рассматривая ослепшие дома, неподвижные, мёртвые машины, растерявшуюся полицию, закрытые пасти магазинов и трактиров, испуганные лица, покорные фигуры тех людей, которые, не умея работать, научились много есть и потому считали себя лучшими людьми в городе. В эти дни власть над жизнью вырвалась из их бессильных рук, но жестокость и хитрость осталась с ними. Климков видел, что эти люди, привыкшие командовать, теперь молча подчиняются воле голодных, бедных, неумытых, он понимал, что господам обидно стало жить, но они скрывают свою обиду и, улыбаясь рабочим одобрительно, лгут им, боятся их. Ему казалось, что прошлое не воротится, - явились новые хозяева, и если они могли сразу остановить ход жизни, значит, сумеют теперь устроить её иначе, свободнее и легче для себя, для всех, для него.

Старое, жестокое и злое уходило прочь из города, оно таяло во тьме, скрытое ею, люди заметно становились добрее, и хотя по ночам в городе не было огня, но и ночи были шумно-веселы, точно дни.

Всюду собирались толпы людей и оживлённо говорили свободной, смелою речью о близких днях торжества правды, горячо верили в неё, а неверующие молчали, присматриваясь к новым лицам, запоминая новые речи. Часто среди толпы Климков замечал шпионов и, не желая, чтобы они видели его, поспешно уходил прочь. Чаще других встречался Мельников. Этот человек возбуждал у Евсея особенный интерес к себе. Около него всегда собиралась тесная куча людей, он стоял в середине и оттуда тёмным ручьём тёк его густой голос.

- Вот - глядите! Захотел народ, и всё стало, захочет и возьмёт всё в свои руки! Вот она, сила! Помни это, народ, не выпускай из своей руки чего достиг, береги себя! Больше всего остерегайся хитрости господ, прочь их, гони их, будут спорить - бей насмерть!

Когда Климков слышал эти слова, он думал:

"За такие речи сажали в тюрьму, - скольких посадили! А теперь - сами так же говорите..."

Он с утра до поздней ночи шатался в толпе, порою ему нестерпимо хотелось говорить, но, ощущая это желание, он немедля уходил куда-нибудь в пустынный переулок, в тёмный угол.

"Заговоришь - узнают тебя!" - неотвязно грозила ему тяжёлая мысль.

Как-то ночью, шагая по улице, он увидал Маклакова. Спрятавшись в воротах, шпион поднял голову и смотрел в освещённое окно дома на другой стороне улицы, точно голодная собака, ожидая подачки.

"Не бросает дела!" - подумал Евсей и спросил Маклакова: - Хотите, я вас сменю, Тимофей Васильевич?

- Ты? Меня? - негромко воскликнул шпион, и Климков почувствовал что-то неладное: впервые шпион обратился к нему на "ты", и голос у него был чужой.

- Не надо, - иди! - сказал он.

Всегда гладкий и приличный, теперь Маклаков был растрёпан, волосы, которые он тщательно и красиво зачёсывал за уши, беспорядочно лежали на лбу и на висках; от него пахло водкой.

- Прощайте! - сняв шапку, сказал Евсей и не спеша пошёл. Но через несколько шагов сзади него раздался тихий оклик:

- Послушай...

Евсей обернулся; бесшумно догнав его, шпион стоял рядом с ним.

- Идём вместе...

"Сильно, должно быть, пьян!" - подумал Евсей.

- Знаешь, кто живёт в том доме? - спросил Маклаков, посмотрев назад. Миронов - писатель - помнишь?

- Помню.

- Ну, ещё бы тебе не помнить, - он так просто поставил тебя дураком...

- Да, - согласился Евсей.

Шли медленно и не стучали ногами. В маленькой узкой улице было тихо, пустынно и холодно.

- Воротимся назад! - предложил Маклаков. Потом поправил шапку, застегнул пуговицы пальто и задумчиво сообщил: - А я, брат, уезжаю. В Аргентину. Это в Америке - Аргентина...

Климков услыхал в его словах что-то безнадёжное, тоскливое, и ему тоже стало печально и неловко.

- Зачем это так далеко? - спросил он.

- Надо...

Он снова остановился против освещённого окна и молча посмотрел на него. На чёрном кривом лице дома окно, точно большой глаз, бросало во тьму спокойный луч света, свет был подобен маленькому острову среди тёмной тяжёлой воды.

- Это его окно, Миронова, - тихо сказал Маклаков. - По ночам он сидит и пишет...

Встречу шли какие-то люди, негромко напевая песню.

Это будет последний
И решительный бой...

- говорила песня задумчиво, как бы спрашивая...

- Надо бы перейти на другую сторону! - шёпотом предложил Евсей.

- Боишься? - спросил Маклаков, но первый шагнул с тротуара на мёрзлую грязь улицы. - Напрасно боишься, - эти люди, с песнями о боях, смирные люди. Звери не среди них... Хорошо бы теперь посидеть в тепле, в трактире... а всё закрыто! Всё прекращено, брат...

- Пойдёмте домой! - предложил Климков.

- Домой? Нет, спасибо...

Евсей остался, покорно подчиняясь грустному ожиданию чего-то неизбежного.

- Слушай, какой ты, к чёрту, шпион, а? - вдруг спросил Маклаков, толкая Евсея локтем. - Я слежу за тобою давно, и всегда лицо у тебя такое, точно ты рвотного принял.

Евсей обрадовался возможности открыто говорить о себе и торопливо забормотал:

- Я, Тимофей Васильевич, уйду! Вот, как только устроится всё, я и уйду. Займусь, помаленьку, торговлей и буду жить тихо, один...

- Что устроится?

- А вот всё это, - с новой жизнью. Когда народ возьмётся сам за всё...

- Э-э... - протянул шпион, махнув рукой; засмеялся и оборвал своим смехом желание Евсея говорить.

Было тоскливо.

- Вот что! - неожиданно грубо и с сердцем заговорил Маклаков, когда снова подходили к дому, где жил писатель. - Я в самом деле уезжаю, навсегда, из России. Мне нужно передать этому... писателю бумаги. Видишь, вот - пакет?

Он помахал в воздухе перед лицом Евсея белым четырёхугольником и быстро продолжал:

- Сам я не пойду к нему. Я второй день слежу за мим - не выйдет ли? Он - болен, не выходит. Я отдал бы ему на улице. Послать по почте нельзя, его письма вскрывают, воруют на почте и отдают нам в охрану. А идти к нему - я не могу...

Шпион прижал пакет к груди, наклонился, заглядывая в глаза Евсею.

- Здесь в пакете - моя жизнь, я написал про себя рассказ, - кто я и почему. Я хочу, чтобы он прочитал это, - он любит людей...

Взяв Евсея за плечо крепкой рукой, шпион тряхнул его и приказал:

- Ступай ты, отдай ему это! В руки прямо, лично ему. Иди! Скажи... Маклаков оборвался, помолчал. - "Один агент охранного отделения прислал вам эти бумаги и покорнейше просит" - так и скажи, не забудь - "покорнейше просит! - прочитать их". Я тебя подожду тут, - иди! Но, смотри, не говори ему, что я здесь. А если он спросит - скажи: "бежал, уехал в Аргентину". Повтори!

- Уехал в Аргентину...

- Да, и - не забывай! - покорнейше просит! Иди скорее...

Тихонько подталкивая Климкова в спину, он проводил его до двери дома, отошёл в сторону и там остановился, наблюдая.

Взволнованный, охваченный мелкою дрожью, потеряв сознание своей

133

личности, задавленное повелительною речью Маклакова, Евсей тыкал пальцем в звонок, желая возможно скорее скрыться от шпиона, готовый лезть сквозь двери. Дверь открылась, в полосе света встал какой-то чёрный человек, сердито спрашивая:

- Что вам нужно?

- Писателя, господина Миронова. Лично его, в руки ему назначено письмо - пакет, пожалуйста, скорее! - говорил Евсей, невольно подражая быстрой и несвязной речи Маклакова.

В голове у него замутилось, там лежали только слова шпиона, белые и холодные, точно мёртвые кости, и когда над его головой раздался глуховатый голос: "Чем могу служить вам?" - Евсей проговорил безучастным голосом, точно автомат:

- Один агент охранного отделения прислал эти бумаги и покорнейше просит прочитать их. Он уехал в Аргентину...

Незнакомое, странно чужое слово смутило Евсея, и он тише добавил:

- Которая в Америке...

- А где же бумаги?

Голос звучал ласково. Евсей поднял голову, узнал солдатское лицо с рыжими усами, вынул из кармана толстый пакет и подал его.

- Ну, присядьте...

Климков сел, опустив голову.

Звук разрываемой бумаги заставил его вздрогнуть. Не поднимая головы, он опасливо посмотрел на писателя, тот стоял перед ним, рассматривая пакет, и шевелил усами.

- Вы говорите - он уехал?

- Да...

- А вы сами тоже агент?

- Тоже, - тихонько сказал Евсей.

И подумал:

"Сейчас начнёт ругать..."

- Лицо ваше мне как будто знакомо.

Евсей старался не смотреть на него, но чувствовал, что он улыбается.

- Да, знакомо, - проговорил он, вздыхая.

- Вы тоже - наблюдали за мной?

- Один раз. А вы заметили меня из окна, вышли на улицу и дали мне письмо...

- Да, да - помню! Ах, чёрт возьми, так это вы? Я вас, кажется, обругал тогда, а?

Евсей встал со стула, недоверчиво взглянул в смеющееся лицо, посмотрел вокруг.

- Это ничего! - сказал он.

Ему было нестерпимо неловко слышать грубовато ласковый голос и боязно, что писатель ударит его и выгонит вон.

- Странно мы с вами встретились на сей раз, а?

- Больше ничего? - смущённо спросил Евсей.

- Ничего. Но вы, кажется, устали? Посидите, отдохните...

- Я пойду...

- Как хотите. Ну, спасибо, - до свиданья!

Он протянул руку, большую, с рыжею шерстью на пальцах. Евсей осторожно дотронулся до неё и неожиданно для себя попросил:

- Позвольте и мне жизнь мою рассказать вам...

И когда чётко сказал эти слова, то подумал вослед им:

"Вот с кем надо мне говорить! Если сам Тимофей Васильевич, такой умный и лучше всех который, его уважает..."

Вспомнив Маклакова, Евсей взглянул в окно, на секунду встревожился, потом сказал себе:

"Ничего, - ему не первый раз мёрзнуть..."

- Ну, что же, расскажите, если хочется... Да вы бы сняли пальто... Может быть, чаю вам дать? Холодно!

Евсею захотелось улыбнуться, но он не позволил себе этого.

И через несколько минут, полузакрыв глаза, монотонно и подробно, тем же голосом, каким он докладывал в охранном о своих наблюдениях, Климков рассказывал писателю о деревне, Якове, кузнеце.

Писатель сидел на широком тяжёлом табурете у большого стола, он подогнул одну ногу под себя и, упираясь локтем в стол, наклонился вперёд, покручивая ус быстрым движением пальцев. Его круглая, гладко остриженная голова была освещена огнями двух свечей, глаза смотрели зорко, серьёзно, но куда-то далеко, через Климкова.

"Не слушает", - подумал он и немного повысил тон, незаметно продолжая осматривать комнату и ревниво следя за лицом писателя.

В комнате было темно и сумрачно. Тесно набитые книгами полки, увеличивая толщину стен, должно быть, не пропускали в эту маленькую комнату звуков с улицы. Между полками матово блестели стёкла окон, заклеенные холодною тьмою ночи, выступало белое узкое пятно двери. Стол, покрытый серым сукном, стоял среди комнаты, и от него всё вокруг казалось окрашенным в тёмно-серый тон.

Евсей поместился в углу на стуле, обитом гладкой, жёсткой кожей, он зачем-то крепко упирался затылком в высокую спинку стула и потому съезжал с него. Ему мешало пламя свеч, жёлтые язычки огня всё время как будто вели между собой немую беседу - медленно наклонялись друг к другу, вздрагивали и, снова выпрямляясь, тянулись вверх.

Писатель стал крутить ус медленнее, но взгляд его по-прежнему уходил куда-то за пределы комнаты, и всё это мешало Евсею, разбивало его воспоминания. Он догадался закрыть свои незрячие глаза, и когда его тесно обняла темнота, легко вздохнул и вдруг увидал себя разделённым на человека, который жил и действовал, и на другого, который мог рассказывать о первом, как о чужом ему. Его речь полилась плавнее, голос окреп, события жизни связно потянулись одно за другим, развиваясь, точно клубок серых ниток, и освобождая маленькую, хилую душу от грязных и тяжёлых лохмотьев пережитого ею. Рассказывать о себе было приятно, Климков слушал свой голос с удивлением, он говорил правдиво и ясно видел, что ни в чём не виноват ведь он дни свои прожил не так, как хотелось ему! Его всегда заставляли делать то, что было неприятно ему, он искренно жалел себя, почти готовый плакать, и любовался собою...

Когда писатель спросил его о чём-то, Евсей не понял вопроса и, не открывая глаз, сказал тихо:

- Подождите, - я по порядку...

Он говорил не уставая, а когда дошёл до момента встречи с Маклаковым, вдруг остановился, как перед ямой, открыл глаза, увидал в окне тусклый взгляд осеннего утра, холодную серую бездонность неба. Тяжело вздохнул, выпрямился, почувствовал себя точно вымытым изнутри, непривычно легко, приятно пусто, а сердце своё - готовым покорно принять новые приказы, новые насилия.

Писатель шумно поднялся на ноги, высокий, крепкий. Он сжал руки, пальцы его громко и неприятно хрустнули, и повернулся к окну.

- Что вы думаете делать теперь? - спросил он, не глядя на Климкова.

Евсей тоже встал со стула и уверенно повторил сказанное им Маклакову:

- Как только устроится новая жизнь, я тихонько займусь торговлей. Уеду в другой город. Деньги у меня накоплены, рублей полтораста...

Писатель медленно повернулся к нему.

- Так! - сказал он. - У вас нет каких-либо других желаний?

Климков подумал и ответил:

- Нет...

- А вы верите в новую жизнь? Думаете - устроится она?

- Да как же, - если весь народ хочет этого?.. А что? Не устроится?

- Я ничего не говорю...

Он снова отвернулся к окну, расправил усы обеими руками и помолчал. Евсей, ожидая чего-то, стоял не двигаясь и прислушивался к пустоте в своей груди.

- Скажите мне, - спросил писатель негромко и медленно, - вам не жалко тех людей, - девушку, брата, его товарищей?

Климков опустил голову, одёрнул полы пиджака.

- Ведь вот теперь вы узнали, что они были правы, - да?

- Раньше было жалко. А теперь - не жалко...

- Нет? Почему?

Не сразу, негромко Климков сказал:

- Что же? Они люди хорошие и своего добились...

- А вам не думалось, что вы занимаетесь дурным делом? - спросил писатель.

Евсей вздохнул и ответил:

- Ведь мне оно не нравится, - делаю, что велят...

Писатель осторожно шагнул к нему, потом подался в сторону от него, Климков увидал дверь, в которую он вошёл, - увидал, потому что глаза писателя смотрели на неё.

"Надо уходить", - подумал он.

- Вы хотите спросить меня о чём-нибудь? - сказал писатель.

- Нет. Я ухожу...

- Прощайте...

И писатель отодвинулся от него в сторону. Ступая на носки, Евсей вышел в прихожую и стал надевать пальто, а из двери комнаты раздался негромкий вопрос:

- Послушайте - зачем вы рассказали всё это о себе?

Тиская в руках шапку, Евсей, подумав, ответил:

- Тимофей Васильевич очень уважает вас, - тот, который послал меня...

Писатель усмехнулся.

- Только?

"А зачем я рассказал ему, в самом деле?" - вдруг удивился Климков и, мигая глазами, пристально взглянул в лицо писателя.

- Н-ну, прощайте! - потирая руки, сказал хозяин и отодвинулся от гостя.

Евсей поклонился ему.

Когда он вышел на улицу и оглянулся, то в конце её, в сером сумраке утра, сразу заметил чёрную фигуру человека, который, опустив голову, тихо шагал вдоль забора.

"Ждёт! - сообразил Климков, съёжился и подумал: - Заругает, скажет долго..."

Шпион, должно быть, услышал в тишине утра гулкий звук шагов по мёрзлой земле, он поднял голову и быстро пошёл, почти побежал встречу Евсею.

- Отдал?

- Отдал...

- Почему ты так долго? Он говорил с тобой?

Маклаков дрожал. Схватил Евсея за лацкан пальто и тотчас выпустил его, подул себе на пальцы, как будто ожёг их, и затопал ногами о землю.

,- Я тоже рассказал ему всю мою жизнь! - громко сообщил Евсей. Ему приятно было сказать об этом Маклакову.

- Ну? А про меня он не спрашивал?

- Спросил - уехали вы?

- Что же ты?

- Уехал, - сказал...

- Больше ничего?

- Ничего...

- Ну, идём, - я замёрз.

И он быстрым шагом бросился вперёд, сунув руки в карманы пальто и согнув спину.

- Так ты рассказал свою жизнь?

- Всё сполна, до сегодняшнего дня! - ответил Евсей, снова ощущая что-то приятное, поднимавшее его на одну высоту со шпионом, которого он уважал.

- Что же он сказал тебе?

Почему-то смущённо и не сразу Климков молвил:

- Ничего не сказал...

Маклаков остановился, придержал Евсея за рукав и тихо, строго спросил:

- Ты мои бумаги отдал?

- Обыщите меня, Тимофей Васильевич! - искренно вскричал Евсей.

- Не буду, - сказал Маклаков, подумав. - Ну, вот что - прощай! Прими мой совет - я его даю, жалея тебя, - вылезай скорее из этой службы, - это не для тебя, ты сам понимаешь. Теперь можно уйти - видишь, какие дни теперь! Мёртвые воскресают, люди верят друг другу, они могут простить в такие дни многое. Всё могут простить, я думаю. А главное, сторонись Сашки это больной, безумный, он уже раз заставил тебя брата выдать, - его надо бы убить, как паршивую собаку! Ну, прощай!

Он схватил руку Евсея холодными пальцами и, крепко пожимая её, спросил ещё раз:

- Так ты отдал бумаги ему, не ошибся, нет?

- Ей-богу, отдал!

- Я верю. Несколько дней не говори про меня там.

- Я туда не хожу. Двадцатого за жалованьем пойду...

- Потом - скажешь...

Он быстро повернул за угол. Евсей посмотрел вслед ему, подозрительно думая:

"Должно быть, сделал что-нибудь против начальства и испугался..."

Ему стало жалко себя при мысли, что он больше не увидит Маклакова, и в то же время было приятно вспомнить, каким слабым, иззябшим, суетливым видел он шпиона, всегда спокойного, твёрдого. Он даже с начальством охраны говорил смело, как равный, но, должно быть, боялся поднадзорного писателя.

"А вот я, маленький человек, - думал Евсей, одиноко шагая по улице, и всех боялся, а писатель меня не напугал".

И Климков, довольный собой, улыбнулся.

"Ничего не мог сказать писатель-то..."

Ему вдруг стало не то - грустно, не то - обидно, он, замедлив шаги, углубился в догадки - отчего это? И снова думал:

"Лучше бы Ольге рассказать тогда..."

XX

Около полудня его разбудил унылый Веков, в пальто и шапке, он держался рукою за спинку кровати, тряс её и вполголоса, монотонно говорил:

- Климков, эй, вставайте, зовут в канцелярию всех, эй, Климков, конституцию объявили, всех агентов собирают по квартирам, слышите, Климков...

Слова его падали, точно крупные капли дождя, полные печали, лицо сморщилось, как при зубной боли, и глаза, часто мигая, казалось, готовились плакать.

- Что такое? - спросил Евсей, вскакивая с постели. Веков уныло оттопырил губы и сказал:

- Манифест... А у нас, в охране, как в сумасшедшем доме стало... Саша - такой грубый человек - удивительно! Кричит, знаете: бей, режь! Позвольте! Да я даже за пятьсот рублей не решусь человека убить, а тут предлагают за сорок рублей в месяц убивать! Дико слушать такие речи...

Натягивая брюки, Климков задумчиво спросил:

- Кого же это убивать?

- Революционеров... А - какие же теперь революционеры, если по указу государя императора революция кончилась? Они говорят, чтобы собирать на улицах народ, ходить с флагами и "Боже царя храни" петь. Почему же не петь, если дана свобода? Но они говорят, чтобы при этом кричать - долой конституцию! Позвольте... я не понимаю... ведь так мы, значит, против манифеста и воли государя?

Голос его звучал протестующе, обиженно, ноги задевали одна за другую, и весь он был какой-то мягкий, точно из него вынули кости.

- Я туда не пойду, - сказал Климков.

- Как не пойдёте?

- Так. Я сначала похожу по улицам, посмотрю - что будут делать.

Веков вздохнул.

- Конечно, - вы человек одинокий. Но когда имеешь семью, то есть женщину, которая требует того, сего, пятого, десятого, то - пойдёшь куда и не хочешь, - пойдёшь! Нужда в существовании заставляет человека даже по канату ходить... Когда я это вижу, то у меня голова кружится и под ложечкой боль чувствую, - но думаю про себя: "А ведь если будет нужно для существования, то и ты, Иван Веков, на канат полезешь"...

Он метался по комнате, задевая за стол, стулья, бормотал и надувал щёки, его маленькое лицо с розовыми щеками становилось похоже на пузырь, незаметные глаза исчезали, красненький нос прятался меж буграми щёк. Скорбящий голос, понурая фигура, безнадёжные слова его - всё это вызывало у Климкова досаду, он недружелюбно заметил:

- Скоро всё устроится по-другому, - так что теперь жаловаться не к чему...

- Но ведь не хотят у нас этого! - воскликнул Веков, взмахнув руками и останавливаясь против Евсея. - Понимаете?

Евсей, обеспокоенный, повернулся на стуле, желая возразить что-то, но не мог найти слов и стал, сопя носом, завязывать ботинки.

- Саша кричит - бейте их! Вяхирев револьверы показывает, - буду, говорит, стрелять прямо в глаза, Красавин подбирает шайку каких-то людей и тоже всё говорит о ножах, чтобы резать и прочее. Чашин собирается какого-то студента убить за то, что студент у него любовницу увёл. Явился ещё какой-то новый, кривой, и всё улыбается, а зубы у него впереди выбиты очень страшное лицо. Совершенно дико всё это... Он понизил голос до шёпота и таинственно сказал:

- Всякий должен защищать своё существование в жизни - это понятно, однако желательно, чтобы без убийства. Ведь если мы будем резать, то и нас будут резать...

Веков вздрогнул, склонил голову к окну, прислушался и, подняв руку кверху, побледнел.

- Что это? - спросил Евсей.

Гулкий шум мягкими неровными ударами толкался в стёкла, как бы желая выдавить их и налиться в комнату. Евсей поднялся на ноги, вопросительно и тревожно глядя на Векова, а тот издали протянул руку к окну, должно быть, опасаясь, чтобы его не увидали с улицы, открыл форточку, отскочил в сторону, и в ту же секунду широкий поток звуков ворвался, окружил шпионов, толкнулся в дверь, отворил её и поплыл по коридору, властный, ликующий, могучий.

Но Веков выглядывал из форточки и поминутно, быстро ворочая шеей, говорил торопясь и обрывисто:

- Народ идёт, - красные флаги, - множество народу, - бессчётно, разного звания... Офицер даже... и поп Успенский... без шапок... Мельников... Мельников наш, - смотрите-ка!

Евсей подскочил к форточке, взглянул вниз, там текла, заполняя всю улицу, густая толпа. Над головами людей реяли флаги, подобно красным птицам, и, оглушённый кипящим шумом, Климков видел в первых рядах толпы бородатую фигуру Мельникова, - он держал обеими руками короткое древко, взмахивал им, и порою материя флага окутывала ему голову красной чалмой. Из-под шапки у него выбились тёмные пряди волос, они падали на лоб и щёки, мешались с бородой, и мохнатый, как зверь, шпион, должно быть, кричал - рот его был широко открыт.

- Куда они идут? - пробормотал Климков, обернувшись к товарищу.

- Радуются! - сказал тот, упираясь лбом в стекло окна.

Оба замолчали, пропуская мимо своих глаз пёстрый поток людей, ловя чуткими ушами в глубоком море шума громкие всплески отдельных возгласов.

- Какая сила, а? Жили люди каждый отдельно - вдруг двинулись все вместе, - неестественное событие! А Мельников, - видели вы?

- Он всегда стоял за народ! - объяснил Евсей поучающим голосом и отошёл от окна, чувствуя себя бодро и ново.

- Теперь - всё пойдёт хорошо, - никто не хочет, чтобы им командовали. Всякий желает жить, как ему надобно, - тихо, мирно, в хороших порядках! солидно говорил он, рассматривая в зеркале своё острое лицо. Желая усилить приятное чувство довольства собой, он подумал - чем бы поднять себя повыше в глазах товарища, И таинственно сообщил:

- А знаете - Маклаков бежал в Америку...

- Вот как! - безучастно отозвался шпион. - Что же, он холостой человек...

"Зачем я сказал?" - упрекнул себя Евсей, потом с лёгкой тревогой и неприязнью попросил Векова: - Вы об этом не говорите никому, пожалуйста!

- О Маклакове? Хорошо. Мне надо идти в охрану. Вы не пойдёте?

- Выйдем вместе...

На улице Веков вполголоса, с унылым раздражением, заметил:

- Глуп народ всё-таки! Вместо того, чтобы ходить с флагами и песнями, он должен бы, уж если почувствовал себя в силе, требовать у начальства немедленного прекращения всякой политики. Чтобы всех обратить в людей, и нас и революционеров... выдать кому следует - и нашим и ихним - награды и строго заявить - политика больше не допускается!..

Он вдруг исчез, свернув за угол.

По улице возбуждённо метался народ, все говорили громко, у всех лица радостно улыбались, хмурый осенний вечер напоминал собою светлый день пасхи.

То в конце улицы, занавешенной сумраком, то где-то близко люди запевали песню и гасили её громкими криками:

- Да здравствует свобода!

И всюду раздавался смех, звучали ласковые голоса.

Это нравилось Климкову, он вежливо уступал дорогу встречным, смотрел на них одобрительно, с улыбкой удовольствия.

Из-за угла выскочили, тихо посмеиваясь, двое людей, один из них толкнул Евсея, но тотчас же сорвал с головы шапку и воскликнул:

- Ах, извините, пожалуйста!

- Ничего... - любезно ответил Климков.

Перед Евсеем стоял Грохотов. Чисто выбритый и точно смазанный маслом, он весь сиял улыбками, и его сладкие глазки играли, бегая по сторонам.

- Ну, Евсей, вот уж попал я в кашу. Если бы не мой талант... Ты знаком? Это Пантелеев, тоже наш...

Грохотов задыхался, говорил быстрым шёпотом и торопливо отирал пот с лица.

- Понимаешь, - иду бульваром, вижу - толпа, в середине оратор, ну, я подошёл, стою, слушаю. Говорит он этак, знаешь, совсем без стеснения, я на всякий случай и спросил соседа: кто это такой умница? Знакомое, говорю, лицо - не знаете вы фамилии его? Фамилия - Зимин. И только это он назвал фамилию, вдруг какие-то двое цап меня под руки. "Господа, - шпион!" Я слова сказать не успел. Вижу себя в центре, и этакая тишина вокруг, а глаза у всех - как шилья... Пропал, думаю...

- Зимин? - смущённо спросил Евсей, оглянувшись назад, и пошёл быстрее.

Грохотов вскинул голову к небу, перекрестился и продолжал ещё более торопливо:

- Но господь надоумил меня, сразу я опомнился и громко так кричу: "Господа, полная ошибка! Я не шпион, а известный подражатель знаменитых людей и звуков... Не угодно ли проверить на деле?" Эти, которые схватили меня, кричат: "Врёт, мы его знаем!" Но я уже сделал лицо, как у обер-полицеймейстера, и его голосом кричу: "Кто ра-азрешил

142

собрание толпы?" И слышу - господи! - смеются уже!.. Ну, тут я как начал изображать всё, что умею - губернатора, пилу, поросёнка, муху, - хохочут! Даже те, которые держат меня, засмеялись, окаянные, выпустили... И начали мне аплодировать, честное слово, - вот Пантелеев удостоверит, он всё видел!..

- Правильно! - сиплым голосом сказал Пантелеев, коренастый человек в очках и в поддёвке.

- Да, брат, аплодировали! - с восторгом воскликнул Грохотов, застучал кулаком по своей узкой груди и закашлялся. - Теперь кончено, - я себя знаю! Артист, вот он - я! Могу сказать - обязан своему искусству жизнью, - а что? Очень просто! Народ шутить не любит...

- Народ стал доверчив, - заметил Пантелеев, раздумчиво и странно, - и очень смягчился сердцем...

- Это верно! Что делают, а? - тихонько воскликнул Грохотов и уже шёпотом продолжал: - Всё открылось, везде на первом плане поднадзорные, старые знакомые наши... Что такое, а?

- Столяру фамилия Зимин? - спросил Евсей ещё раз.

- Зимин Матвей, по делу о пропаганде на мебельной фабрике Кнопа, - ответил Пантелеев внушительно и строго.

- Он должен быть в тюрьме! - сказал Евсей недовольно.

Грохотов весело свистнул.

- В тюрьме-е? Ты не знаешь, что из тюрьмы всех выпустили?

- Кто?

- Да народ же!..

Евсей молча прошёл несколько шагов, потом спросил:

- Зачем же это?

- Вот и я говорю: не надо было позволять этого! - Сказал Пантелеев, и очки задвигались на его широком носу. - Какое у нас положение теперь? Нисколько не думает начальство о людях...

- Всех выпустили? - спросил Климков.

- Всех...

Пантелеев сипло и строго продолжал, раздувая ноздри:

- И уже было несколько встреч, совершенно неприятных и даже опасных, так что Чашин, например, должен был угрожать револьвером, потому что его ударили в глаз. Он стоит спокойно, как посторонний человек, вдруг подходит дама и оглашает публике: вот - шпион! Так как Чашин подражать животным не умеет, то пришлось обороняться оружием...

- До свиданья! - сказал Евсей. - Я домой пойду...

Он пошёл переулками, а когда видел, что встречу идут люди, то переходил на другую сторону улицы и старался спрятаться в тень. У него родилось и упорно росло предчувствие встречи с Яковом, Ольгой или с кем-либо другим из их компании.

"Город велик, людей много..." - увещевал он себя, но каждый раз, когда впереди раздавались шаги, сердце его мучительно замирало и ноги дрожали, теряя силу.

"Выпустили! - с унылой досадой размышлял он. - Ничего не сказали и выпустили... Как же мне-то... разве мне всё равно, где они?.."

Было уже темно. Перед воротами полицейской части одиноко горел фонарь. Евсей поравнялся с ним, и вдруг чей-то голос негромко сказал:

- На задний двор...

Он остановился, испуганно глядя во тьму под воротами. Они были закрыты, а у маленькой двери, в одном из тяжёлых створов, стоял тёмный человек и, видимо, ждал его.

- Скорее! - недовольно приказал он.

Климков согнулся, пролезая в маленькую дверь, и пошёл по тёмному коридору под сводом здания на огонь, слабо мерцавший где-то в глубине двора. Оттуда навстречу подползал шорох ног по камням, негромкие голоса и знакомый, гнусавый, противный звук... Климков остановился, послушал, тихо повернулся и пошёл назад к воротам, приподняв плечи, желая скрыть лицо воротником пальто. Он уже подошёл к двери, хотел постучать в неё, но она отворилась сама, из неё вынырнул человек, споткнулся, задел Евсея рукой и выругался:

- Чёрт возьми... кто это?

- Климков...

- Ага! Ну, показывайте дорогу...

Климков молча зашагал во двор, где глаза его уже различали много чёрных фигур. Облитые тьмою, они возвышались в ней неровными буграми, медленно передвигаясь с места на место, точно большие неуклюжие рыбы в тёмной холодной воде. Слащаво звучал сытый голос Соловьева:

- Это мне не подобает. Вы поймайте мне девочку, девчонку, - я вам её высеку...

Откуда-то из-за угла непрерывно, точно вода с крыши в дождливый день, и монотонно, как чтение дьячка в церкви, лился, подобный звуку кларнета, голос Саши:

- Каждый раз, как встретятся вам эти с красными флагами, бейте их, бейте прежде тех, которые несут флаги, остальные разбегутся...

- А как нет?

- У вас будут револьверы! Также, если увидите людей:, знакомых вам, тех, за которыми вы следили в свое время и которые сегодня выпущены из тюрем своеволием разнузданной толпы, - уничтожайте...

- Резонно! - сказал кто-то.

- Одним свободу дали, а других - куда? - резко крикнул Вяхирев.

Евсей отошёл в угол, прислонился там к поленнице дров и, недоумённо оглядываясь, слушал.

- Тело - тельце - телятинка - мясцо, - расплывались, как густые масляные пятна, нелепые слова Соловьева.

Тёмные стены разной высоты окружали двор, над ним медленно плыли тучи, на стенах разбросанно и тускло светились квадраты окон. В углу на невысоком крыльце стоял Саша в пальто, застёгнутом на все пуговицы, с поднятым воротником, в сдвинутой на затылок шапке. Над его головой покачивался маленький фонарь, дрожал и коптил робкий огонь, как бы стараясь скорее догореть. За спиной Саши чернела дверь, несколько тёмных людей сидели на ступенях крыльца у ног его, а один, высокий и серый, стоял в двери.

- Вы должны понять, что свобода вам дана для борьбы! - говорил Саша, заложив руки за спину.

Был слышен шорох подошв по камням, сухие, металлические щелчки и порою негромкие, озабоченные возгласы и советы:

- Осторожнее...

- Заряжать не велено!..

Безличные во тьме, странно похожие один на другого, но двору рассыпались какие-то тихие, чёрные люди, они стояли тесными группами и, слушая липкий голос Саши, беззвучно покачивались на ногах, точно под сильными толчками ветра. Речь Саши насыщала грудь Климкова печальным холодом и острою враждою к шпиону.

- Вам дано право выступить против бунтовщиков в открытом бою, на вас возлагается обязанность защищать обманутого царя всеми средствами. Вас ждут щедрые милости. Кто не получил револьвера?..

Раздалось несколько негромких восклицаний:

- Я... Мне... Я...

Люди двинулись к крыльцу, Саша посторонился, серый человек присел на корточки.

- Нельзя ли два? - спрашивал ноющий голос.

- Зачем?

- Для товарища...

- Пошёл, пошёл...

Знакомые Евсею голоса шпионов звучали громче, более смело и веселее...

Кто-то, жадно причмокивая, ворчал:

- Патронов мало, надо бы по целой коробке...

- В двух частях я наладил дело сегодня! - говорил Саша.

- Интересно будет завтра...

Слова и звуки вспыхивали перед глазами Евсея, как искры, сжигая надежду на близость спокойной жизни. Он ощущал всем телом, что из тьмы, окружающей его, от этих людей надвигается сила, враждебная ему, эта сила снова схватит его, поставит на старую дорогу, приведёт к старым страхам. В сердце его тихо закипала ненависть к Саше, гибкая ненависть слабого, непримиримое, мстительное чувство раба, которого однажды мучили надеждою на свободу.

Люди спешно, по трое и по двое, уходили со двора, исчезая под широкой аркой, зиявшей в стене. Огонь над головой шпиона вздрогнул, посинел, угас. Саша точно спрыгнул с крыльца куда-то в яму и оттуда сердито гнусил:

- Сегодня в охрану не явилось семь человек, - почему? Многие, кажется, думают, что наступили какие-то праздники? Глупости не потерплю, лени тоже... Так и знайте... Я теперь заведу порядки серьёзные, я - не Филипп! Кто говорил, что Мельников ходит с красным флагом?

- Да вот я видел его...

- С флагом?

- Да. Шёл и орал: "Свобода!"

Климков пошёл к воротам, шагая, как по льду, и точно боясь провалиться куда-то, а цепкий голос Саши догонял его, обдавая затылок жутким холодом.

- Ну, этот дурак первый будет резать, я его знаю! - Саша засмеялся тонким воющим смехом. - У меня на него есть слово: бей за народ! А кто сказал, что Маклаков бросил службу?

"Всё знает, сволочь!" - отметил Евсей.

- Это я сказал, а мне Веков, он слышал от Климкова...

- Веков, Климков, Грохотов, это всё - паразиты, выродки и лентяи! Кто-нибудь из них здесь?

- Климков, - ответил Вяхирев.

Саша крикнул:

- Климков!

Евсей протянул руку вперёд и пошёл быстрее, ноги у него подгибались.

Он слышал, что Красавин сказал:

- Ушёл, видно. Вы бы не кричали фамилии-то...

- Прошу не учить меня! Я скоро уничтожу все фамилии и прочие глупости...

Когда Евсей вышел из ворот, его обняло сознание своего бессилия и ничтожества. Он давно не испытывал этих чувств с такой подавляющей ясностью, испугался их тяжести и, изнемогая под их гнётом, попробовал ободрить себя:

"Может, ещё всё обойдётся... не удастся ему..."

И не верил в это.

XXI

На другой день он долго не решался выйти из дома, лежал в постели, глядя в потолок; перед ним плавало свинцовое лицо Саши с тусклыми глазами и венцом красных прыщей на лбу. Это лицо сегодня напоминало ему детство и зловещую луну, в тумане, над болотом.

Вспомнив, что кто-нибудь из товарищей может придти к нему, он поспешно оделся, вышел из дома, быстро пробежал несколько улиц, сразу устал и остановился, ожидая вагон конки. Мимо него непрерывно шли люди, он почуял, что сегодня в них есть что-то новое, стал присматриваться к ним и быстро понял, что новое - хорошо знакомая ему тревога. Люди озирались вокруг недоверчиво, подозрительно, смотрели друг на друга уже не такими добрыми глазами, как за последнее время, голоса звучали тише, в словах сверкала злость, досада, печаль... Говорили о страшном.

Около него встали двое прохожих, и один из них, низенький, толстый и бритый, спросил другого:

- Сколько убито, говорите?

- Пять. Шестнадцать ранено...

- Казаки стреляли?

- Да. Мальчик убит, гимназист...

Евсей, взглянув на говоривших, сухо осведомился:

- За что?

Человек с большой чёрной бородой пожал плечами и ответил неохотно и негромко:

- Говорят - пьяные были они, казаки...

"Это Сашка устроил!" - уверенно сказал себе Климков.

- А на Спасском мосту толпа избила студента и бросила в воду, - сообщил бритый, отдуваясь.

- Какая толпа? - снова и настойчиво спросил Евсей.

- Не знаю.

Чернобородый пояснил:

- Сегодня с утра по улицам ходят небольшие кучки каких-то

оборванцев с трёхцветными флагами, носят с собой портреты царя и избивают прилично одетых людей...

"Сашка!" - повторил Евсей про себя.

- Говорят - это организовано полицией и охраной...

- Конечно! - вскричал Климков, но тотчас же крепко сжал губы, покосился на чернобородого и решил отойти прочь. В это время подошёл вагон, собеседники Евсея направились к нему, он подумал:

"Надо и мне сесть, а то догадаются, что я сыщик, - дожидался вагона вместе с ними, а не поехал".

В вагоне публика показалась Климкову более спокойной, чем на улице.

"Всё-таки закрыто, хотя и стёклами", - объяснил себе Климков эту перемену, прислушиваясь к оживлённой беседе пассажиров.

Высокий человек с костлявым лицом жалобно говорил, разводя руками:

- Я тоже государя люблю и уважаю, я ему душевно благодарен за манифест и готов кричать ура сколько угодно, и готов благодарно молиться, но окна бить из патриотизма и скулы сворачивать людям - зачем же?

- Варварство, зверство в такие дни! - сказала полная дама.

- Ах, этот народ, сколько в нём ужасного!

Из угла раздался уверенный и твёрдый голос:

- Всё это - дело полиции!

Все на минуту замолчали.

Из угла снова сказали:

- Изготовляют контрреволюцию по-русски... Присмотритесь - кто командует патриотическими манифестациями? Переодетая полиция, агенты охраны.

Евсей, с радостью слушая эти слова, незаметно разглядывал молодое лицо, сухое и чистое, с хрящеватым носом, маленькими усами и клочком светлых волос на упрямом подбородке. Человек сидел, упираясь спиной в угол вагона, закинув ногу на ногу, он смотрел на публику умным взглядом голубых глаз и, говорил, как имеющий власть над словами и мыслями, как верующий в их силу.

Одетый в короткую тёплую куртку и высокие сапоги, он был похож на рабочего, но белые руки и тонкие морщины вдоль лба выдавали его.

"Переодетый!" - подумал Евсей.

Он с большим вниманием стал следить за твёрдой речью белокурого юноши, рассматривая его умные, прозрачно-голубые глаза и соглашаясь с ним... Но вдруг съёжился, охваченный острым предчувствием, - на площадке вагона, рядом с кондуктором, он рассмотрел сквозь стекло

148

чёрный выпуклый затылок, опущенные плечи, узкую спину. Вагон трясло, и знакомая Евсею фигура гибко качалась, удерживаясь на ногах.

"Яшка Зарубин".

Климков беспокойно взглянул на молодого человека, тот снял шляпу и, поправляя белокурые волнистые волосы, говорил:

- Покуда в руках нашего правительства есть солдаты, полиция, шпионы, оно не уступит народу и обществу своих прав без боя, без крови, мы должны помнить это!

- Неправда, сударь мой! - закричал костлявый человек, - государь дал полную конституцию, дал, да, и вы не смеете...

- Но кто же устраивает избиения на улицах и кто кричит "долой конституцию"? - холодно спросил молодой человек. - Да вы лучше взгляните на защитников старого порядка - вот они идут...

Вагон заскрипел, завизжал, остановился, и когда смолк раздражающий шум его движения, стали слышны беспокойные громкие крики:

- Бо-оже царя храни...

- Ур-ра-а-а...

Из-за угла улицы впереди вагона выбежало много мальчишек, они крикливо рассыпались по мостовой, точно брошенные сверху, а за ними поспешно и нестройно, чёрным клином, выдвинулась в улицу толпа людей с трёхцветными флагами над нею, и раздались тревожные крики:

- Ур-ра! Стой, ребята...

- Долой конституцию...

- Не желаем...

- Бо-оже царя храни...

Люди толкались, забегая один вперёд другого, размахивали руками, кидали в воздух шапки, впереди всех, наклонив голову, точно бык, шёл Мельников с тяжёлою палкой в руках и национальным флагом на ней. Он смотрел в землю, ноги поднимал высоко и, должно быть, с большой силою топал о землю, - при каждом ударе тело его вздрагивало и голова качалась. Его рёв густо выделялся из нестройного хаоса жидких, смятённых криков обилием охающих звуков.

- Не хотим обмана...

За ним, подпрыгивая и вертя шеями, катились по мостовой какие-то тёмные и серые растрёпанные люди, они поднимали головы и руки кверху, глядя в окна домов, наскакивали на тротуары, сбивали шапки с прохожих, снова подбегали к Мельникову и кричали, свистели, хватались друг за друга, свиваясь в кучу, а Мельников, размахивая флагом, охал и гудел, точно большой колокол.

- Стой! - высоко поднимая флаг и голову, командовал шпион. - Пой-й!

И из его широкого рта хлынул дикий и тоскливый рёв:

- Бо-о...

Но тотчас же в воздухе беспорядочно и хищно, как стая голодных птиц, заплескались возбуждённые крики, вцепились в голос шпиона и покрыли его торопливой, жадной массой:

- Ура-а, государю! Шапки долой-й... Православные! Долой измену!

В вагоне было тихо, все стояли, сняв шапки, и молча, бледные, смотрели на толпу, обнимавшую их волнистым, грязным кольцом. Но переодетый человек не снял шапку. Евсей взглянул на его строгое лицо, подумав: "Форсит..." - и стал смотреть на улицу сквозь стекло, криво усмехаясь. Он хорошо чувствовал ничтожество этих беспокойно прыгающих людей, ясно понимал, что их хлещет изнутри тёмный страх, это страх толкает их из стороны в сторону, с ним они борются, опьяняя себя громкими криками, желая доказать себе, что ничего не боятся. Они бегали вокруг вагона, как стая собак, только что выпущенных с цепи, полные неосмысленной радости, не успевшие освободиться от привычного страха, и, видимо, не могли решиться пойти вдоль широкой светлой улицы, не умели собрать себя в одно тело, суетились, орали и тревожно оглядывались вокруг, чего-то ожидая.

Вот около вагона стоит худенький, остробородый мужичок в рваном полушубке, он закрыл глаза, поднял лицо кверху и, разинув голодный рот с жёлтыми зубами, кричит тонким голосом:

- До-оло-ой... не надо-о...

От напряжения по щекам у него текут слёзы, на лбу блестит пот; переставая кричать, он сгибает шею, недоверчиво оглядывается, приподняв плечи, и, снова закрывая глаза, кричит, точно его бьют...

- Дово-ольно-о!

Евсей видел знакомые, сумрачные лица дворников, усатую рожу благочестивого и сердитого Климыча, церковного сторожа, голодные глаза подростков-босяков, удивлённые рожи каких-то робких крестьян и среди них несколько фигур, которые всех толкают, всем указывают, насыщая безвольные, слепые тела своей волею, своей больной злостью.

Среди толпы вьюном вился Яков Зарубин, вот он подбежал к Мельникову и, дёргая его за рукав, начал что-то говорить, кивая головой на вагон. Климков быстро оглянулся на человека в шапке, тот уже встал и шёл к двери, высоко подняв голову и нахмурив брови. Евсей шагнул за ним, но на площадку вагона вскочил Мельников, он загородил дверь, втиснув в неё своё большое тело, и зарычал:

- Шапку долой!

Человек круто повернулся и пошёл к другому выходу, а там стоял Зарубин и высоким голосом кричал:

- Вот этот, в шапке! Я его знаю! Он бомбы делает, берегись, ребята!

В руке Зарубина блестел револьвер, он взмахивал им, точно камнем, и совал вперёд; на площадку лезли люди с улицы, встречу им толкались пассажиры вагона, дама визгливо рыдала:

- Шапку - снять - что вы!

Все визжали, ревели, давили друг друга и таращили безумно прыгающие глаза на человека в шапке.

- Я буду стрелять, прочь! - громко сказал он, подвигаясь к Зарубину. Сыщик попятился назад, но его толкнули в спину, он упал на колени, опираясь одной рукою в пол, вытянул другую. Испуганно хлопнул выстрел, другой, зазвенели стёкла, на секунду все крики точно застыли, а потом твёрдый голос презрительно сказал:

- Мерзавцы!

Воздух и стёкла снова вздрогнули от выстрела, а Зарубин громко крикнул:

- У!

И стукнулся головой о пол, точно кланяясь в ноги кому-то.

Стало просторнее, тише. Климков, забитый в угол, скорчившись на лавке, равнодушно подумал:

"Могло меня убить..."

Он устало оглянулся, человек в шапке стоял на площадке вагона, к нему, мимо Евсея, шагал Мельников, а Зарубин лежал вниз лицом на полу и не двигался.

- Я вас перестреляю - идите прочь! - сухо и громко раздалось на площадке, но Мельников перешагнул через Якова, схватил белокурого юношу поперёк тела, бросил его на мостовую и диким голосом исступлённо закричал:

- Бей-й!

Торопливо трижды выстрелил револьвер, забухали глухие удары, кто-то заныл протяжно и жалобно, точно ребёнок:

- О-ой, ноженька...

И кто-то хрипло, с натугой выкрикивал:

- А-а... по башке-то его... а-а...

А тонкий истерический голос восторженно звенел:

- Рви его, голубчики, - дави его!.. Будет, прошло их времечко, теперь мы их... Наш черёд...

И все крики вдруг покрыл громкий, полный тоскливого презрения возглас:

- Идиоты!

Евсей, пошатываясь, вышел на площадку и увидел с неё тёмную кучу людей. Согнув спины, взмахивая руками и ногами, натужно покряхтывая, устало хрипя, они деловито возились на мостовой, как большие мохнатые

151

черви, таская по камням раздавленное и оборванное тело белокурого юноши, били в него ногами, растаптывая лицо и грудь, хватали за волосы, за ноги и руки и одновременно рвали в разные стороны. Полуголое, облитое кровью, оно мягко, как тесто, хлопалось о камни, с каждым ударом всё более теряя сходство с фигурою человека, люди озабоченно трудились над ним, а худенький мужичок, стараясь раздавить череп, наступал на него ногой и вопил:

- Пришло н-наше время...

Уже кончали дело, один за другим отходили с мостовой на тротуары, рябой парень вытирал руки овчиной полушубка и хозяйственно спрашивал:

- Кто взял его пистолет?

Теперь голоса звучали утомлённо, неохотно. Но на тротуаре, в маленькой группе людей у фонаря, был слышен смех. Обиженный голос горячо доказывал:

- Врёшь - я первый! Как он упал - тут я его сапогом в морду...

- Первый извозчик Михаила навалился, а потом я...

- Михаиле пуля в ногу попала...

- Ежели не в кость, так ничего!..

Эти, отведав вкуса крови, видимо, стали смелее, они оглядывались по сторонам несытыми глазами, с жадностью и ожиданием.

Среди улицы лежал бесформенный тёмный бугор, от него по впадинам между камней, не торопясь, растекалась кровь.

"Вот как они!" - тупо думал Евсей, следя за красными узорами на камнях. В тёмно-красном дрожащем тумане перед глазами Евсея явилось волосатое лицо Мельникова, негромко и устало прогудел его голос:

- Вот - убили...

- Скоро как...

- Утром тоже одного убили...

- За что?

- Говорил... Чашин в живот ему выпалил...

- За что? - повторил Евсей.

- Обманывают они... Подложный манифест... Народу ничего нет...

- Это всё Сашка выдумал! - сказал Климков тихо и убеждённо.

Мельников тряхнул головой, поглядел на свои большие руки и каким-то пьяным голосом пробормотал:

- Кто-нибудь всегда обманывает... Яшка - помер?

Он вошёл в вагон, наклонился и, легко подняв Зарубина, положил его на лавку, лицом кверху.

- Помер... Вон куда попало...

Евсей искал на лице Зарубина шрам от удара бутылкой, но не находил его. Теперь над правым глазом шпиона была маленькая красная дырка, Климков не мог оторвать от неё взгляда, она как бы всасывала в себя его внимание, возбуждая острую жалость к Якову.

- У тебя пистолет есть? - спросил Мельников.

- Нет...

- Вот, возьми Яшкин...

- Не хочу, не надо мне...

- Теперь всем это надо! - просто сказал Мельников опустил револьвер в карман пальто Евсея. - Вот, - был Яшка и нет Яшки...

"Это я его отметил для смерти!" - думал Климков, рассматривая лицо товарища. Брови Зарубина были строго нахмурены, чёрные усики топорщились на приподнятой губе, он казался раздражённым, и можно было ждать, что из полуоткрытого рта взволнованно польётся быстрая речь.

- Идём! - сказал Мельников.

- А он, - они как же? - спросил Евсей, с усилием отрывая глаза от Зарубина.

- Полиция приберёт, - убитых подбирать нельзя - закон это запрещает! Пойдём куда-нибудь - встряхнёмся... Не ел я сегодня... не могу есть, вот уж третьи сутки... И спать тоже. - Он тяжко вздохнул и докончил угрюмым равнодушием: - Меня бы надо уложить на покой вместо Якова.

- Всё губит Сашка! - сквозь зубы проговорил Евсей.

Они шли по улице, ничего не замечая, и говорили каждый о своём подавленными голосами, оба точно пьяные.

- Где верное? - спрашивал Мельников, протягивая вперёд руку, как бы щупал воздух.

- Вот видишь - убили двух, - говорил Евсей, напряжённо ловя непослушную мысль.

- Сегодня, надо думать, много убито...

Мельников долго молчал, потом вдруг погрозил в воздух кулаком и сказал решительно, громко:

- Будет! Взял я грехов на себя довольно. За Волгой есть у меня дядя, древний старик, - вся моя родня на земле. Пойду к нему! Он - пчеляк. Молодой был - за фальшивые бумажки судился...

И, снова помолчав немного, шпион тихонько засмеялся.

- Что ты? - досадливо спросил Евсей.

- Всё забываю, - три года назад дядя-то помер...

Незаметно дошли до знакомого трактира; у двери Евсей остановился и, задумчиво посмотрев на освещённые окна, недовольно пробормотал:

- Опять люди... Не хочется мне идти туда.

- Пойдём, всё равно! - сказал Мельников и, взяв его за руку, повёл за собой, говоря: - Мне одному скучно будет. И боязлив я стал... Не того боюсь, что убьют, коли узнают сыщика, а так, просто - жутко.

Они не пошли в комнату, где собирались товарищи, а сели в общей зале в углу. Было много публики, но пьяных не замечалось, хотя речи звучали громко и ясно, слышалось необычное возбуждение. Климков по привычке начал вслушиваться в разговоры, а мысль о Саше, не покидая его, тихо развивалась в голове, ошеломлённой впечатлениями дня, но освежаемой приливами едкой ненависти к шпиону и страха перед ним.

"Погубит он меня, - погубит..."

Мельников неохотно пил пиво, молчал и почёсывался.

Недалеко от них за столом сидели трое, все, видимо, приказчики, молодые, модно одетые, в пёстрых галстуках, с характерной речью. Один из них, кудрявый и смуглый, взволнованно говорил, поблескивая тёмными глазами:

- Пользуются одичалостью разных голодных оборванцев и желают показать нам, что свобода невозможна по причине множества подобных диких людей. Однако, - позвольте, - дикие люди не вчера явились, они были всегда, и на них находилась управа, их умели держать под страхом законов. Почему же сегодня им дозволяют всякое безобразие и зверство?

Он победоносно оглянул зал и ответил на свой вопрос с горячим убеждением:

- Потому, что желают показать нам: "Вы за свободу, господа? Вот она, извольте! Свобода для вас - убийства, грабежи и всякое безобразие толпы..."

- Слышишь? - сказал Евсей. - Это Сашкин план.

Мельников угрюмо взглянул на него и не ответил. Кудрявый поднялся со стула и продолжал, плавно поводя рукой со стаканом вина в ней:

- Неправда, и - протестую! Свобода нужна честным людям не для того, чтобы душить друг друга, но чтобы каждый мог защищать себя от распространённого насилия нашей беззаконной жизни! Свобода - богиня разума, и - довольно уже пили нашу кровь! Я протестую! Да здравствует свобода!

Публика закричала, затопала ногами...

Мельников взглянул на кудрявого оратора и пробормотал:

- Какой дурак...

- Он верно говорит! - возразил Евсей, сердясь.

- А ты почему знаешь? - равнодушно спросил шпион и медленными глотками стал пить пиво.

Евсею захотелось сказать этому тяжёлому человеку, что он сам дурак, слепой зверь, которого хитрые и жестокие хозяева его жизни научили охотиться за людьми, но Мельников поднял голову и, глядя в лицо Климкова тёмными, страшно вытаращенными глазами, заговорил гулким шёпотом:

- Мне потому жутко, знаешь ты, что, когда я сидел в тюрьме, был там один случай...

- Постой... - сказал Евсей. - Не мешай!

Сквозь мягкую массу шума победоносно пробивался тонкий, сверлящий ухо голос:

- Слышали?.. Богиня, говорит он. А между прочим, у нас, русских людей, одна есть богиня - пресвятая богородица Мария дева. Вот как говорят эти кудрявые молодчики, да!

- Вон его!

- Молчать!..

- Нет, позвольте! Ежели свобода, то каждый имеет право...

- Видите? Они, кудрявые, по улицам ходят, народ избивают, который за государеву правду против измены восстаёт, а мы, русские, православные люди, даже говорить не смей. Это - свобода?

- Будут драться! - сказал Климков, вздрагивая. - Убьют которого-нибудь! Я уйду...

- Эх, какой ты, - ну, идём! Чёрт с ними, - что тебе?

Мельников бросил на стол деньги, двинулся к выходу, низко наклонив голову, как бы скрывая своё приметное лицо.

На улице, во тьме и холоде, он заговорил, подавляя свой голос:

- Когда сидел я в тюрьме, - было это из-за мастера одного, задушили у нас на фабрике мастера, - так вот и я тоже сидел, - говорят мне: каторга; всё говорят, сначала следователь, потом жандармы вмешались, пугают, - а я молодой был и на каторгу не хотелось мне. Плакал, бывало...

Он начал кашлять бухающими звуками и замедлил шаг.

- Раз приходит помощник смотрителя тюрьмы Алексей Максимыч, хороший старичок, любил он меня, всё сокрушался. "Эх, говорит, Ляпин, - моя фамилия настоящая Ляпин, - эх, говорит, брат, жалко мне тебя, такой ты несчастный есть..."

Речь его задумчиво и ровно расстилалась перед Евсеем мягкой полосой, а Климков тихо спускался по ней, как по узкой тропе, куда-то вниз, во тьму, к жутко интересной сказке.

- Приходит. "Хочу, говорит, тебя, Ляпин, спасти для хорошей жизни. Дело твоё каторжное, но ты можешь его избежать. Только нужно тебе для этого человека казнить. Человек этот - осуждённый за политическое убийство, вешать его будут по закону, при священнике, крест дадут целовать, так что ты не стесняйся". Я говорю: "Что же, если с дозволения начальства и меня за это простят, то я его повешу, только я ведь не

155

умею..." - "Мы, говорит, тебя научим, у нас, говорит, есть один знающий человек, его паралич разбил, и сам он не может". Ну, учили они меня целый вечер, в карцере было это, насовали в мешок тряпья, перевязали его верёвкой, будто шею сделали, и я его на крючок вздёргивал, учился. А утром рано дали мне выпить полбутылки, вывели меня на двор, с солдатами, с ружьями, вижу: помост выстроен виселица, значит, - разное начальство перед ней. Кутаются все, ёжатся, осень была, ноябрь. Вхожу я на помост, а доски шатаются, скрипят под ногами, как зубы. От этого стало мне неприятно, говорю: "Дайте ещё водки, а то я боюсь". Дали. Потом привели его...

Мельников снова начал глухо кашлять, хватая себя за горло, а Евсей, прижимаясь к нему, старался идти в ногу с ним и смотрел на землю, не решаясь взглянуть ни вперёд, ни в сторону.

- Вижу - молодой, крепкий, стоит твёрдо, всё волосы поглаживает так со лба на затылок. Стал я надевать на него саван и, видно, щипнул его или задел как, он и говорит мне тихонько, без сердца: "Осторожнее". Да. Поп крест ему даёт, а он: "Не беспокойтесь, говорит, я не верую"... И лицо у него такое, как будто ему известно всё, что будет после смерти, наверное известно... Кое-как задушил я его, трясусь весь, руки онемели, ноги не стоят, страшно стало от него, что спокойно он всё это... Господином над смертью стоит... Мельников замолчал, оглянулся и пошёл быстрее.

- Ну? - спросил Евсей шёпотом.

- Ну, удушил и всё... Только с того времени, как увижу или услышу убили человека, - вспоминаю его... По моему, он один знал, что верно... Оттого и не боялся... И знал он - главное - что завтра будет... чего никто не знает. Евсей, пойдём ко мне ночевать, а? Пойдём, пожалуйста!

- Ладно! - тихо сказал Климков.

Он был рад предложению; он не мог бы теперь идти к себе один, по улицам, в темноте. Ему было тесно, тягостно жало кости, точно не по улице он шёл, а полз под землёй и она давила ему спину, грудь, бока, обещая впереди неизбежную, глубокую яму, куда он должен скоро сорваться и бесконечно лететь в бездонную, немую глубину...

- Вот - хорошо! - сказал Мельников. - А то мне одному скучно.

Евсей с тоской посоветовал ему:

- Вот ты бы Сашку убил...

- Ну тебя! - отмахнулся Мельников. - Что ты думаешь, - я это люблю, убивать? Мне потом два раза говорили тоже повесить, женщину и студента, ну, я отказался. Наткнёшься опять на какого-нибудь, так вместо одного двоих будешь помнить. Они ведь представляются, убитые, они приходят!

- Часто?

- Разно. От них - чем оборонишься? Богу молиться я не умею. А ты?

- Я молитвы помню...

Вошли в какой-то двор, долго шагали в глубину его, спотыкаясь о доски, камни, мусор, потом спустились куда-то по лестнице. Климков хватался рукой за стены и думал, что этой лестнице нет конца. Когда он очутился в квартире шпиона и при свете зажжённой лампы осмотрел её, его удивила масса пёстрых картин и бумажных цветов; ими были облеплены почти сплошь все стены, и Мельников сразу стал чужим в этой маленькой, уютной комнате, с широкой постелью в углу за белым пологом.

- Это всё сожительница моя мудрила, - говорил он, раздеваясь. - Ушла, сволочь, один жандарм, вахмистр, сманил. Непонятно мне - вдовый он, седой, а она - молодая, на мужчину жадная, однако - ушла! Это уж третья уходит. Давай, ляжем спать...

Легли рядом, на одной постели, она качалась под Евсеем волнообразно, опускаясь всё ниже, у него замирало сердце от этого, а на грудь ему тяжко ложились слова шпиона:

- Одна была - Ольга...

- Как?

- Ольга. А что?

- Ничего.

- Маленькая такая, худая, весёлая. Бывало, спрячет шапку мою или что другое, - я говорю: "Олька, где вещь?" А она: "Ищи, ты ведь сыщик!" Любила шутить. Но была распутная, чуть отвернёшься в сторону, а она уж с другим. Бить её боязно было - слаба. Всё-таки за косы драл, - надо же как-нибудь...

- Господи! - тихо воскликнул Климков. - Что же я буду делать?..

А его товарищ помолчал и потом сказал, глухо и медленно:

- Вот и я иной раз так же вою...

XXII

Проснулся Климков с каким-то тайным решением, оно туго опоясало его грудь невидимой широкой полосой. Он чувствовал, что концы этого пояса держит кто-то настойчивый и упрямо ведёт его к неизвестному, неизбежному; прислушивался к этому желанию, осторожно ощупывал его неловкою и трусливою мыслью, но в то же время не хотел, чтобы оно определилось. Мельников, одетый и умытый, но не причёсанный, сидел за столом у самовара, лениво, точно вол, жевал хлеб и говорил:

- Ты хорошо спишь. А я - вздремнул немного, ночью проснулся, - вдруг тело рядом! Помню, что Таньки нет, а про тебя забыл. Тогда показалось мне, что это тот лежит. Пришёл и лёг - погреться захотелось...

Он засмеялся глупым смехом.

- Однако - это не шутка, - спичку я зажигал, смотрел на тебя. Нездоров ты, по-моему, лицо у тебя синее, как...

Он оборвал речь кашлем, но Евсей догадался, какое слово не сказал его товарищ, и скучно подумал: "Раиса тоже говорила, что я удавлюсь..." Эта мысль испугала его, ясно намекая на то, чего он не хотел понять.

- Который час?

- Одиннадцатый...

- Рано ещё! - тихо заметил Климков.

- Рано! - подтвердил хозяин, и оба замолчали. Потом Мельников предложил ему:

- Давай жить вместе - а?

- Я не знаю, - ответил Евсей.

- Чего?

- Что будет, - сказал Климков, подумав.

- Ничего не будет. Ты смирный, говоришь мало, и я тоже не люблю говорить. Спросишь о чём-нибудь - один скажет одно, другой другое, третий ещё что-нибудь, и ну вас к чёрту, думаю! Слов у вас много, а верных нет...

- Да, - сказал Евсей, чтобы ответить.

"Надо что-нибудь сделать! - думал он, обороняясь, и вдруг решил: Сначала я - Сашку..." И, не желая представить, что будет потом, спросил Мельникова:

- Куда пойдём?

- На службу пойдём, - равнодушно ответил шпион.

- Я не хочу! - заявил Евсей сухо и твёрдо. Мельников почесал бороду, помолчал, отодвинул от себя посуду и, положив локти на стол, заговорил раздумчиво и вполголоса:

- Служба наша теперь трудная, все стали бунтовать, а - которые настоящие бунтовщики? Разбери-ка!..

- Я знаю, кто первый подлец и злодей! - пробормотал Климков.

Мельников стал одеваться, громко сопя носом и спрашивая:

- Значит, вместе живём?

- Да...

- Вещи свои сегодня перевезёшь?

- Не знаю...

- А ночевать здесь будешь?

- Здесь.

158

Когда шпион ушёл, Климков вскочил на ноги, испуганно оглянулся и затрясся под хлёсткими ударами подозрения.

"Вдруг он меня запер снаружи, а сам пошёл сказать Сашке, - сейчас придут, схватят меня..."

Бросился к двери - она была не заперта. Тогда он мысленно сказал, с горечью убеждая кого-то:

"Ну, - разве можно так жить? Никому не веришь..."

Потом долго сидел за столом не двигаясь, напрягая весь свой ум, всю хитрость, чтобы построить врагу безопасную для себя ловушку, и наконец составил план. Нужно чем-нибудь выманить Сашу из охраны на улицу, идти с ним и, когда встретится большая толпа народа, крикнуть: "Это шпион! Бей его!" Должно произойти то же самое, что было у Зарубина с белокурым человеком. Если люди не возьмутся за Сашу так серьёзно, как они вчера взялись за переодетого революционера, Евсей даст им пример, он первый выстрелит, как это сделал Зарубин, но он попадёт в Сашу. Он будет целиться в живот ему.

Климков почувствовал себя сильным, смелым и заторопился, ему хотелось сделать дело сейчас же. Но воспоминание о Зарубине мешало ему, спутывая убогую простоту задуманного. Он невольно повторил свою мысль:

"Это я его отметил для смерти..."

Он не упрекал, не обвинял себя, но ему казалось, что какая-то нить связывает его с чёрненьким сыщиком и нужно что-то сделать, пусть эта нить оборвётся.

"Не простился я с ним. А где его найдёшь теперь?"

Надев пальто, он ощупал в кармане револьвер, обрадовался, снова почувствовал приток решимости и вышел на улицу твёрдыми шагами.

Но чем ближе подходил он к охранному отделению, тем заметнее таяло и линяло настроение бодрости, расплывалось ощущение силы, а когда он увидел узкий тупой переулок и в конце его сумрачный дом в три этажа, ему вдруг неодолимо захотелось найти Зарубина, проститься с ним.

"Я его обидел", - объяснял он себе это желание, быстро повёртывая куда-то в сторону от своей цели.

И в то же время он смутно чувствовал, что не может ускользнуть от того, что схватило его за сердце и давит, влечёт за собой, указывая единственный выход из страшной путаницы.

Задача дня, решение уничтожить Сашу не мешало тёмной и властной силе расти и насыщать его сердце, как сейчас помешало этой задаче внезапно вспыхнувшее желание найти труп маленького шпиона.

Искусственно раздувая это желание, опасаясь, что и оно исчезнет, Евсей несколько часов разъезжал на извозчике по полицейским частям, с

159

напряжённой деловитостью расспрашивая о Зарубине, и только вечером узнал, где его труп. Ехать туда было уже поздно, и Климков отправился домой, тайно довольный тем, что день прошёл.

Мельников не явился ночевать, Евсей пролежал всю ночь один, стараясь не двигаться. При каждом движении полог над кроватью колебался, в лицо веял запах сырости, а кровать певуче скрипела. Пользуясь тишиной, в комнате бегали и шуршали проклятые мыши, шорох разрывал тонкую сеть дум о Якове, Саше, и сквозь эти разрывы Евсей видел мёртвую, спокойно ожидающую пустоту вокруг себя, - с нею настойчиво хотела слиться пустота его души.

Рано утром он уже стоял в углу большого двора у жёлтой конурки с крестом на крыше. Седой, горбатый сторож, отпирая дверь, говорил:

- Их тут двое - одного признали, а другого нет, и сейчас его повезут в могилу, непризнанного-то...

Потом Евсей увидел сердитое лицо Зарубина. Оно только посинело немного, но не изменилось. Ранку на месте шрама обмыли, теперь она стала чёрной. Маленькое, ловкое тело его было наго и чисто, он лежал кверху лицом, вытянутый, как струна, и, сложив на груди смуглые руки, как будто спрашивал, сердитый:

"Ну, что?"

А рядом с ним был положен тёмный труп, весь изорванный, опухший, в красных, синих и жёлтых пятнах. Кто-то закрыл лицо его голубыми и белыми цветами, но Евсей видел из-под них кость черепа, клок волос, слепленных кровью, и оторванную раковину уха.

- Этого нельзя узнать - головы-то нет почти, а узнали его, вчера пришли две барышни, вот цветы принесли, прикрыли цветами человеческое безобразие. А другой - неизвестно кто...

- Я знаю! - твёрдо сказал Евсей. - Он - Яков Зарубин, служил в охранном отделении.

Сторож взглянул на него и отрицательно покачал головой.

- Нет, это не он. Нам полиция тоже говорила - Зарубин, и контора наша охрану спрашивала, оказалось - не он!

- Я же знаю! - тихо и обиженно воскликнул Евсей.

- А из охраны сказали - не знаем, не служил такой...

- Неправда! - воскликнул Евсей тоскливо и растерянно.

Со двора вошли двое молодых парней, и один спросил сторожа:

- Который неизвестный?

- Вот этот.

Климков вышел на двор, сунув сторожу монету и повторяя с бессильным упрямством:

- А всё-таки это Зарубин...

160

- Как хотите! - сказал старик, встряхивая горбом. - Только если бы так, то его узнали бы другие, вот вчера ходил агент, тоже искал кого-то убитого, а не признал вашего-то, хотя почему его не признать?

- Какой агент? - спросил Евсей.

- Полный, лысый, ласковый по голосу...

"Соловьев!" - догадался Евсей, тупо глядя, как тело Зарубина укладывают в белый некрашеный гроб.

- Не лезет! - пробормотал один из парней.

- Согни ноги-то, чёрт...

- Крышка не закроется...

- Боком клади, ну!

- А вы не охальничайте, ребята! - спокойно сказал старик.

Парень, державший голову трупа, сапнул носом и сказал:

- Это сыщик, дядя Фёдор...

- Мёртвый человек - никто! - поучительно заметил горбатый, подходя к ним.

Парни замолчали, продолжая втискивать упругое смуглое тело в узкий и короткий гроб.

- Да вы, дурачьё, возьмите другой гробок! - сердясь воскликнул горбатый.

- Чай, всё равно! - сказал один из парней, а другой хмуро добавил:

- Не велик барин...

Евсей пошёл со двора, унося в душе горькое чувство обиды за Якова. И вслед ему - он ясно слышал это - горбун говорил парням, убиравшим труп:

- Тоже что-то нехорошо. Пришёл, говорит: знаю! Может, он этого дела хозяин? Ребята!

И почти одновременно два голоса ответили:

- Тоже шпион, видно...

- Нам-то что?..

Климков быстро вскочил в пролётку, крикнув извозчику:

- Скорее...

- Куда теперь?

Не сразу и тихо Евсей сказал:

- Прямо...

В голове у него тупо стучали обидные мысли:

"Как собаку зароют его... И меня так же..."

Встречу ему двигалась улица, вздрагивали, покачиваясь, дома, блестели стёкла, шумно шли люди, и всё было чуждо.

"Уничтожу Сашку... сейчас пойду и застрелю..."

Отпустив извозчика, он вошёл в ресторан, в котором Саша бывал редко, реже, чем в других, остановился перед дверью комнаты, где собирались шпионы, и сказал себе:

"Сразу, как увижу, выстрелю..."

Тихонько, дрожащею рукою, он постучал в дверь и, ощупывая в кармане револьвер, застыл в холодном ожидании.

- Это кто? - спросили из-за двери.

- Я, - сказал Евсей.

Тогда дверь немножко приотворилась, в щели мелькнул глаз и красноватый маленький нос Соловьева.

- А-а-а? - удивлённо протянул он. - А был слушок, что тебя убили...

- Нет, не убили! - сердито отозвался Климков, снимая пальто.

- Запри дверь... Говорили, что, будто, шёл ты с Мельниковым...

Он внимательно жевал ветчину, это мешало ему говорить, жирные губы медленно выпускали равнодушные слова и чмокали.

- Значит, неверно, что ты с Мельниковым ходил?

- Почему неверно? - спросил Евсей.

- Да вот... живёхонек ты, а ему плохо... Видел я его вчера...

- Где?

Шпион назвал больницу, в которой Евсей только что был.

- Зачем он там? - безучастно осведомился Климков.

- А такая история, ударил его казак шашкой по голове, и лошади потоптали. Как это случилось и почему - неизвестно. Сам он лежит без памяти, доктор сказал - не встанет...

Соловьев налил маленькую рюмку какой-то зелёной водки, посмотрел её на свет, прищурив глаз, выпил и спросил Евсея:

- Где же это ты скрываешься, а?

- Я не скрываюсь...

Где-то в коридоре упала тарелка, Евсей вздрогнул и, вспомнив, что позабыл вынуть револьвер из кармана пальто, встал на ноги.

- Саша очень на тебя зубы точит...

В глазах Евсея проплыл злой и красный диск луны, окружённый облаком пахучего лилового тумана, ему вспомнился гнусавый, командующий голос, жёлтые пальцы костлявых рук.

- Он не придёт сюда?

- Не знаю...

Лицо у Соловьева лоснилось, он, видимо, был чем-то очень доволен, улыбался чаще, чем всегда, в голосе его звучала небрежная ласка барина, это было противно Евсею.

Метались, разбивая одна другую, несвязные думы:

"Все вы сволочи. Мельникова жалко. Значит, этот жирный не хотел признать Якова. Почему?"

162

- Вы Зарубина видели?

- Это какого? - подняв брови, спросил Соловьев.

- Знаете.

- Да, да, да... Как же! Видел...

- А почему вы не сказали там, что знаете его? - строго спросил Евсей.

Старый шпион приподнял лысую голову и с удивлением, насмешливо спросил:

- Ка-ак?

Евсей повторил вопрос, но уже мягче.

- Это дело не твоё, милый мой, ты так и знай! Жалеючи твою глупость, я тебе скажу, что нам дураки не нужны, мы их не знаем, не понимаем, не узнаём. Это тебе надо помнить ныне, и присно, и на всю жизнь. Пойми и привяжи язык верёвкой...

Маленькие глазки Соловьева светились холодно, как две серебряные монетки, и голос обещал злое, жестокое. Шпион грозил коротким, толстым пальцем, жадные, синеватые губы сурово надулись, но это было не страшно.

"Всё равно, - думал Евсей, - все они - одна шайка, - всех надо..."

Он подскочил к своему пальто, выхватил из кармана револьвер, направил дуло на Соловьева и глухо крикнул:

- Ну...

Старик колыхнулся, сполз с кресла на пол, одной рукой он схватил ножку стола, другую протянул к Евсею и громким шёпотом забормотал:

- Не... не надо!.. Милостивый государь... не троньте!

Климков нажимал пальцем курок всё туже, туже, и от усилия у него холодела голова, шевелились волосы.

- Я - женюсь завтра... Никогда не буду... - шуршали в воздухе тяжёлые, трусливые слова. На подбородке шпиона блестел жир, и салфетка на груди его дрожала.

Револьвер не стрелял, Евсею было больно палец, и ужас, властно охватывая его с головы до ног, стеснял дыхание.

- Могу дать вам денег! - быстрее зашептал Соловьев, - ничего не скажу...

Климков размахнулся, бросил револьвер в лицо шпиона, схватил пальто, побежал. Его догнали два слабых крика:

- Ай, ай...

И, точно пиявки, впились ему в затылок, окрыляя бешеной силой ужаса.

Они гнали его долго, и всё время ему казалось, что сзади него собралась толпа людей, бесшумно, не касаясь ногами земли, бежит за ним, протягивая к его шее десятки длинных, цепких рук, касаясь ими волос.

Она играла им, издевалась, исчезая и снова являясь, он нанимал извозчиков, ехал, спрыгивал с пролётки, бежал и снова ехал, она же всё время была близко, невидимая и тем более страшная.

Стало легче, когда он увидал перед собой тёмную узорную стену деревьев и голые сучья, протянутые встречу к нему. Он быстро нырнул в их толпу, крепко стоявшую на земле, и пошёл среди неё, двигая руками сзади себя, как бы желая плотнее сдвинуть деревья за своей спиной. Спустился в овраг, сел там на холодный песок, снова встал и пошёл вдоль оврага, тяжело дыша, потный и пьяный от страха. Но скоро увидал впереди просвет, осторожно прислушался, бесшумно сделал ещё несколько шагов, выглянул, - перед ним тянулось полотно железной дороги, за насыпью снова стояли деревья, но они были редкие, мелкие, и сквозь их сети просвечивала серая крыша какого-то здания.

Он быстро пошёл назад, вверх по руслу оврага, назад, где лес был гуще и темнее.

"Поймают... - толкала его холодная уверенность. - Они поймают..."

По лесу блуждал тихий, медленный звон, он раздавался где-то близко, шевелил тонкие ветки, задевая их, и они качались в сумраке оврага, наполняя воздух шорохом, под ногами сухо потрескивал тонкий лёд ручья, вода его вымерзла, и лёд покрывал белой плёнкой серые, сухие ямки.

Климков сел, нагнулся, положил в рот кусок льда и тотчас же вскочил на ноги, вскарабкался на крутой скат оврага, снял ремень, подтяжки и начал связывать их, озабоченно рассматривая сучья над головой и без жалости к себе соображая:

"Пальто не надо снимать. Тяжелее - скорее..."

Он торопился, пальцы дрожали, и плечи его невольно поднимались кверху, точно желая спрятать шею, а в голове пугливо билось:

"Не успею..."

Промчался поезд, деревья недовольно загудели, задрожала земля, между сучьев появился белый пар.

Прилетели синицы. Бойко посвистывая, они мелькали в тёмных сетях сучьев, их торопливая суета ускоряла движения холодных непослушных пальцев Евсея.

Закинув ремень петлёй за сучок, Климков потянул его вниз, было крепко. Тогда он, так же поспешно, стал делать другую петлю, скрутив подтяжки жгутом, и, когда всё было готово, вздохнул...

"Теперь надо помолиться..."

Но слова молитв не приходили на память. Он задумался на несколько секунд.

"Раиса знала мою судьбу", - неожиданно вспомнил он и, сунув голову в петлю, тихо, просто и без трепета в груди сказал:

164

- Во имя отца и сына и святаго духа...

Толкнув ногами землю, он подпрыгнул вверх и согнул ноги в коленях. Его больно дёрнуло за ушами, ударило в голову каким-то странным, внутренним ударом; ошеломлённый, он всем телом упал на жёсткую землю, перевернулся и покатился вниз, цепляясь руками за корни деревьев, стукаясь головой о стволы, теряя сознание.

А когда очнулся, то увидал, что сидит в овраге и на груди у него болтаются оборванные подтяжки, брюки лопнули, сквозь материю жалобно смотрят до крови исцарапанные колени. Всё тело полно боли, особенно болела шея, и холод точно кожу с него сдирал. Запрокинувшись назад, Евсей посмотрел на обрыв, - там, под белым сучком берёзы, в воздухе качался ремень тонкой змеёй и манил к себе.

"Не могу!" - с отчаянием думал Евсей.

И, заплакав слезами бессилия, обиды, лёг на землю спиной. Сквозь слёзы видел однотонное мутное небо, исчерченное сухими узорами чёрных сучьев.

Лежал долго, страдая от холода и боли, кутался в пальто, перед ним, помимо его воли, проходила цепью дымно-тёмных колец его бессмысленная жизнь.

Несколько раз поезда, проходя мимо рощи, наполняли её грохотом, облаками пара и лучами света; эти лучи скользили по стволам деревьев, точно ощупывая их, желая найти кого-то между ними, и торопливо исчезали, быстрые, дрожащие и холодные.

Когда они нашли Евсея, коснулись его, он с трудом поднялся на ноги и пошёл в сумерках рощи вслед за ними. У опушки остановился и, прислонясь к дереву, стал ждать, слушая отдалённый, сердитый шум города. Уже был вечер, небо посинело, над городом тихо разгоралось матовое зарево.

Вдали родился воющий шум и гул, запели, зазвенели рельсы; в сумраке, моргая красными очами, бежал поезд; сумрак быстро плыл за ним, становясь всё гуще и темнее. Евсей торопливо, как только мог, взошёл на путь, опустился на колени, потом улёгся поперёк пути на бок, спиною к поезду, положил шею на рельс и крепко закутал голову полою пальто.

Несколько секунд ему было приятно ощущать жгучее прикосновение железа, оно укрощало боль в шее, но рельс дрожал и пел громче, тревожнее, он наполнял тело ноющим стоном, и земля, тоже вздрагивая мелкою дрожью, как будто стала двигаться, уплывая из-под тела, отталкивая его от себя.

Поезд катился тяжело и медленно, но уже оглушал лязгом сцеплений, равномерными ударами колёс на стыках рельс, его тяжёлое дыхание

165

ревело и толкало Климкова в спину, и всё вокруг Евсея и в нём тряслось, бурно волновалось, отрывая его от земли.

Он не мог более ждать, вскочил на ноги, побежал вдоль рельс и закричал высоким, визгливым голосом:

- Я всё буду... я буду... буду...

По гладко отшлифованному металлу рельс скользили, обгоняя Климкова, красноватые лучи огня, они разгорались ярче, две красные полосы железа казались раскалёнными и стремительно текли вдоль по бокам Евсея, направляя его бег.

- Я - буду!.. - визжал он, размахивая руками. Что-то жёсткое толкнуло его в зад, он ткнулся на шпалы между красными струнами рельс, и железный суровый грохот раздавил его слабый визг...